終戦七十周年記念講演録

天皇陛下の御聖断

——二・二六事件と終戦の真相——

迫水《さこみず》 久常《ひさつね》　略歴

明治35年（1902）、旧薩摩藩家老職を務めた迫水家に生まれる。

東京府立一中、第一高等学校を経て、東京帝国大学法学部法律学科を卒業後、大蔵省に入省。

昭和9年（1934）、岳父にあたる岡田啓介海軍大将の内閣総理大臣任命に伴い、同秘書官となる。

昭和11年（1936）、二・二六事件の際、首相官邸から岡田首相を救出。

昭和20年（1945）4月、鈴木貫太郎内閣の内閣書記官長に就任。戦争終結のため尽力し、8月15日に全国放送された『終戦の御詔勅』（いわゆる「玉音放送」）を起草した。

戦後は、衆議院議員を2期、参議院議員を4期務め、国務大臣経済企画庁長官、郵政大臣、参議院自民党幹事長、両院議員総会長を歴任。

昭和52年（1977）死去。正三位勲一等旭日大綬章。

目次

序

前篇　二・二六事件の秘話

後篇　終戦の真相

むすび

序

1. まえがき

時は今、終戦七十年を迎えた。人の歩みの常として、幾十もある階段を昇る時、その昇る中間に踊場があるのを知る。その踊場に辿り着いた時、〝ホッ〟と一息一休み、今まで歩いてきた道を振り返って、喜び悲しみの感慨にひたり、反省をもし、数々の教訓を得て、英気を養うことでしょう。そして、次に進まんとする未来へ思いを馳せ、期待を込め、さあ、元気を出してがんばろう！　と、より一層奮起するのです。その積み重ねが「人の生き様」であり、「祖国の歴史」にも同じことが言えるのであります。

日本及び日本人は、この終戦七十年の節目に当たり、激動の昭和史を紐解き、特に「二・二六事件」と「終戦」という二大事件の真相を検証し、正しい歴史認識を持って、後世に語り継がなければなりません。

「晴れの日も、雨や雪の降る日も、嵐でも、竹は節目、節目で伸びていく」を糧《かて》として、私はその一助の役割を果たしたいと思います。

私は、日本大学法学部法律学科在学中より、参議院議員迫水久常《さこみずひさつね》先生の書生として政治の修業に励み、その後秘書としてお仕え致しました。

迫水久常先生は、明治三十五年八月五日、旧薩摩藩主島津家の分家である迫水家に生まれました。迫水家は島津家十一代藩主の弟を始祖とし、五代目から迫水姓を称し、代々家老職でありました。東京府立一中、一高を経て東京帝国大学法学部を卒業後、大蔵省に奉職し、昭和九年七月に岳父岡田啓介海軍大将が内閣総理大臣に任命されたことにより、大蔵省から出向し内閣総理大臣秘書官となりました。

昭和十一年の二・二六事件の時に、クーデターの真っ只中、叛乱軍によって占拠された首相官邸から岡田啓介首相を無事に救出せしめたのであります。

また、昭和二十年の鈴木貫太郎内閣では、内閣書記官長（現内閣官房長官）として、戦争終結のためあらん限りの力を尽くし、八月十五日の天皇陛下の「堪へ難キヲ堪へ、忍ビ難キヲ忍ビ、以テ万世ノ為ニ太平ヲ開カムト欲ス」という「大東亜戦争終結の詔書」の起草者で、まさに〝昭和史の生き証人〟でありました。

私は、その迫水久常先生から直接、内外における政治・経済・社会の諸情勢、そして政治家の高邁な理念・信条・政策から政治の実践は勿論の事、社会人としての知識・教養・心構えや人の道の教えまで、時には厳しく、時には優しくご指導を賜わりました。私の尊敬する〝政治の父〟であります。

迫水先生は、国会議員としての政治活動とは別に、自ら体験された歴史的に貴重な「二・二六事件の秘話」と「終戦秘話」をもって、ラジオやテレビに出演されたのを始め、ライオンズクラブ、ロータリークラブなどの社会団体、宗教団体、企業・業界団体、教育機関、それに遺族会や自衛隊等にも招かれ、「今日の日本の平和と繁栄の原点は、天皇陛下の御聖断や御徳によるものである」と、全国津々浦々に講演に廻られました。その時一番若い秘書であった私が、カバン持ちとして随行することが多く、その講演の一部始終を傍で真剣に聞いておりましたので、「門前の小僧習わぬ経を読む」の譬《たと》えよろしく極く自然に憶え、また直接「その事の真相」を生で拝聴したのであります。

迫水久常先生の薫陶を受けた者として、また四十五年間も国会議員秘書を勤めた職業柄もあって、いろいろなところでお話をさせて頂く機会がありました。迫水先生亡き後、先生の代わりとしては、誠に畏れ多く浅学菲才《ひさい》で力不足でありましたけれども、「何としても歴史の真実と迫水久常先生の遺志・偉業を多くの人に語り続けることが、私の天命である」との熱き使命感にかられ、そのことの〝語り部〟をずっと今日まで続けて参りました。

その中でも特に近年の代表的なものとして、平成二十三年九月十日の「日本ネイビークラブ」（於：国際協力機構地球ひろば）、平成二十五年十月十六日の「水曜会」（於：都道府県会館十五階カルム）、平成二十六年二月二十六日の「東京都中央区西倫理法人会」（於：ホテルマリナーズコート東京）、平成二十六年十一月九日の「国会議員秘書政策グループ真鍋会」（於：衆議院第二議員会館）の四講演がありますが、この度、それらの原稿をまとめ、修正加筆し、「終戦七十周年記念講演録」として、世に供したいと考えた次第であります。

2. 中江克己の生い立ちと経歴

私は、昭和二十一年十一月二十一日、旧内務・運輸官僚で京都市南区を本籍地とする父と、加世田市萬世町小湊（現鹿児島県南さつま市）出身の母との間に、山口県下関市で生まれ、中学一年まで過ごしました。父の運輸省の異動に伴う転勤に伴い、中学から大学一年まで横浜市鶴見区に住んだ後、船橋市、川崎市へと移りました。

このように薩摩・長州・京都と縁深く、「幕末・明治維新の申し子」と自負し、「政治好き少年」として勉学に励み、思想的には終始一貫民族派として論陣を張り、行動してきました。

母方の先祖には、日本の英雄・西郷隆盛先生を介錯《かいしゃく》した別府晋介志士がおり、明治三十〜四十年代に鹿児島県議会議員四期（議長二回）や衆議院議員を三期務めた鮫島相政《さめしますけまさ》先生がおりました。

また、主な親戚には、吉国一郎氏（元内閣法制局長官、地域整備振興公団総裁、幕張メッセ会長、プロ野球コミッショナー）、吉国二郎氏（元大蔵事務次官、横浜銀行頭取）、山下眞臣《まおみ》氏（元厚生事務次官、環境衛生金融公庫総裁、全国社会保険協会連合会会長、日本障害者リハビリテーション協会会長、恩賜財団済生会理事長）、秋富公正氏（元総理府総務副長官、新東京国際空港公団総裁、内閣官房副長官補）や、鷹城勲《たかしろいさお》氏（羽田空港の日本空港ビルデング株式会社社長）、それにアニメの世界的巨匠・宮崎駿《はやお》監督も親戚であり、加えて、終戦時の鈴木貫太郎内閣の陸軍大臣阿南惟幾《あなみこれちか》大将や、山口県の貴族院議員秋田三一先生（安倍晋太郎先生の政治指南役）もおられました。（※肩書きは講演当時のものです）

私は、日本大学法学部法律学科の国際法ゼミナールで学びました。指導教授の深津榮一先生は、鳩山一郎元首相が創設された「友愛青年同志会（後に協会）」の副会長をされまして、名誉会長をされていた汎ヨーロッパ運動（今のEUの草分け）総裁クーデンホーフ＝カレルギー伯の本を翻訳され、判例国際法の権威と言われた学者であります。その在学中より、参議院議員迫水久常先生の書生として政治修業に励み、その後第二秘書となりました。

迫水先生死去後は、総理府総務副長官である越智通雄衆議院議員秘書、通商産業政務次官の斎藤文夫参議院議員第二秘書、経済人類学者の栗本慎一郎衆議院議員政策担当秘書を務めました。

平成七年四月施行の神奈川県議会議員選挙に、川崎市中原区より立候補した時、阪神淡路大震災の直後で、いじめによる少年の自殺も相次いでいたので、「大勢の命を救えないばかりか、たった一人の命も救えない政治とは一体何だ！」と訴えましたが、一万千四百四十六票の次点で敗れました。

その後、衆議院災害対策特別委員長青木宏之衆議院議員政策担当秘書、防衛庁長官政務官・内閣府副大臣の米田建三衆議院議員政策担当秘書、自民党外交・国防部会副部会長東郷哲也衆議院議員秘書等を歴任し、国家社会の進展ために尽くしている政治家の側《そば》で支えるのが「天職」と肝に銘じ、四十五年間にわたり〝政治の下働き〟に徹し、議員秘書一筋に誠心誠意活動してまいりました。

その経験をもとに、政界の表裏まで知り尽くす政治評論家として、自信と誇りを持って活動する傍ら、一般社団法人日本標識機構代表理事・公益社団法人国際経済交流協会監事としても幅広く活動をしております。

3. 天皇陛下からお言葉を賜る

昭和十一年の二・二六事件の時に、天皇陛下は『あれは叛乱軍であるから、討伐せよ！』とお命じになられ、迫水総理秘書官は『岡田啓介を一刻も早く安全な所に移すように』とのお言葉を頂き、岳父である岡田啓介首相を、約三百人の兵士によって襲撃・占拠された首相官邸から無事に救出せしめました。

それから、昭和二十年の鈴木貫太郎内閣では、内閣書記官長（今の内閣官房長官）として、終戦工作に当たり、八月十五日の天皇陛下の「終戦のご詔勅」を起草されました。迫水久常先生は、この二つの歴史的な出来事に遭遇したことによって、天皇陛下とのご縁が深まりました。

昭和五十二年七月二十五日に迫水先生が七十四歳で死去された折に、天皇陛下は、七月二十九日に角田素文侍従を勅使としてお遣わしになられました。

当時第二秘書であった著者は、勅使の御案内役を仰せつかりました。勅使接遇の作法・しきたりを宮内庁・参議院事務局と念入りに打ち合わせし、しきたりに則り諸準備の上、お迎え致しました。そして、角田侍従を通じて、天皇陛下の『戦前、戦後を通じ、時局重大な折に、苦楽を共にしてくれたことを深く感謝している』とのお言葉と祭祀料を賜ったのであります。

政府は死去翌日の七月二十六日の閣議で、正三位勲一等旭日大綬章を贈ることを決め、三十一日には青山葬儀所で、福田赳夫首相が葬儀委員長となり、保利茂衆議院議長、安井謙参議院議長、藤林益三最高裁判所長官、岸信介、田中角栄、三木武夫の元首相、野党代表として日本社会党委員長らの出席のもと、しめやかなうちにも盛大に自由民主党葬として行ったのであります。

その際にも、天皇陛下の名において、一対の御榊を下賜されました。

その年の八月二十三日、天皇陛下は、那須御用邸にて宮内庁記者団と会見されました。記者から、「木戸幸一さん、甘露寺受長《かんろじおさなが》さんらが亡くなり〝生きた昭和史〟が少なくなっていますが」と質問されたのに対し、天皇陛下は『特に木戸にしても甘露寺にしても、迫水（久常）なども、そういう方々が次々に亡くなったということは寂しい感じをもっています。皇室を思い私と苦労をともにされたことについては感謝しております』と仰せになりました。

また迫水先生は、国会議員としても、毎年の春と秋の園遊会に夫妻でご招待されていました。天皇陛下がお回りになられる赤坂御苑の順路の中で、人が大勢いる所でなく、人垣が疎らな池のほとりに永年場所を決め、立っていましたら、天皇陛下は必ずお声をかけて下さいました。

迫水久常先生がお亡くなりになられた年の秋の園遊会の晩、入江相政《すけまさ》侍従長から迫水万亀《まき》夫人に『今日、陛下が〝あそこにいつも迫水がおったね〟と懐かしんで仰せになられました』との電話を頂きました。このことは、どんなにいい勲章を頂くよりも有り難く、迫水家のみならず私共元秘書団にとっても大変名誉ことであり、まさに光栄の極みでありました。

本書では、前篇で「二・二六事件の秘話」について、後篇で「終戦の真相」についてお話致します。最初にお断り申し上げますが、歴史的な出来事でありますので、できるだけ時系列でまとめておりますけれども、事の顚末等によっては話が前後したり戻ったりすることがありますこと、また、敬称につきましても、いきさつ等によって有無が出来ておりますことを、あらかじめご理解とご了承を頂きますようお願い申し上げます。

前篇　二・二六事件の秘話

1. 二・二六事件の序説

昭和十一年二月二十六日に勃発した二・二六事件は、一般的に荒木貞夫大将、真崎甚三郎大将、山下奉文《ともゆき》少将を頂点とした隊付青年将校を擁する皇道派と、林銑十郎大将、渡辺錠太郎大将、寺内寿一大将、東條英機大将を含めて永田鉄山軍務局長を頂点とする軍中央部を主導している秀才幕僚の統制派との抗争が激化し、林陸相の真崎教育総監の追放後、中央に勢力を失った皇道派が、その失地回復を試み主導権を奪おうとし、第一師団が満州に派遣される三月の前に「挙兵」を急いだとみられていた。

思想的には北一輝の『日本改造法案大綱』が、青年将校のバイブルとなっており、その版権をもらった西田税《みつぎ》を含めこの二人の影響を陰に陽に強く受けているため、民間人ながら北一輝《きたいっき》と西田税は首魁と断じられて死刑になった。

国家社会主義の理論的指導者・北一輝（本名北輝次郎《きたてるじろう》）は、二十四歳で幸徳秋水《こうとくしゅうすい》らの社会主義を批判し、特異な国体論を強調した著書『国体論及び純正社会主義』は、日本の近代政治思想史上五指に入るべき著作と言われ名を上げていた。その後孫文と知り合い、中国に渡って革命運動に参加し、相当の活躍を続け、大正八年上海で『国家改造案原理大綱』（のちに『日本改造法案大綱』と改称）を書き上げ、その思想的基盤を確立した。

大正十四年時点では、北一輝と面識のあった青年将校は、大岸頼好、菅波三郎、末松太平などの数名にすぎなかったが、昭和六年の十月事件当時には、大蔵栄一、村中孝次、栗原安秀などを含む一大勢力にまで成長していた。昭和七年の五・一五事件事件で西田税が反対派から重傷を負わされたとき、見舞いに駆けつけた将校は菅波、大蔵、村中、栗原、香田清貞、安藤輝三らであった。

西田税は、陸士三十四期生、秩父宮殿下と同期で、病気のため陸軍を退き、大川周明のもとから北一輝の愛弟子となり、自らは国体原理派といい、青年将校運動の民間の中心人物として活躍していた。忠君愛国の美名の下に、手法は違っても共に軍部主導の政権樹立を目指す陸軍の二派の争いが、やがて数々の事件を生み、その延長線上に昭和十二年の日中戦争、昭和十六年からの大東亜戦争（太平洋戦争）があり、とうとう軍部独裁と戦争への道をひた走りに走っていくのであった。

この二・二六事件に先立つ三月事件、満州事変、十月事件、五・一五事件、救国埼玉挺身隊事件などの諸事件を、一つひとつ検証するのは割愛して、士官学校事件と真崎教育総監の更迭問題、それに相沢事件を若干取り上げ、それが如何に二・二六事件に繋がったか、そして二・二六事件とはいったい何だったのか。一連の事件の真相を述べたい。

2. 陸軍士官学校事件

昭和九年十一月二十日、陸軍大学学生で歩兵第二十六連隊（旭川）の大隊副官であった村中孝次大尉、野砲兵第一連隊付の磯部浅一一等主計（大尉に当たる）、陸軍士官学校区隊長片岡太郎中尉のほか陸士在学中の士官候補生五名が憲兵隊によって検挙され、軍法会議の追及を受けた。

翌十年三月二十九日、軍法会議で「昨年十一月中旬、在京の青年将校及び士官候補生が予てより我国の現状は建国の理想に遠ざかり、宿弊山積し、国家の前途憂慮すべきものあり、速やかにこれを刷新改善して我国体の真姿を顕現《けんげん》せざるべからずと考え、談合連絡した」という犯罪理由を挙げたか、結論としては「不穏の行動に出ずるの企図《きと》に関しては、徹底的に取調べたるも、其の事実と認むべき証拠十分ならず、軍法会議において本件を不起訴処分に附したり」となった。しかし、陸軍は三名を停職、候補生を退校という厳しい処分をした。

村中ら三人は、陸軍士官学校中隊長辻政信大尉（後に有名な辻参謀）が生徒をスパイに使っての策謀と、陸軍参謀本部第二部（宣伝謀略）四班片倉衷《ただし》少佐、憲兵司令部塚本誠大尉の術中に嵌《はま》った、として誣告《ぶこく》罪で告訴し、取調べを再三再四要請したが、何の反応もない。そこで五月十一日に陸軍大臣、第一師団軍法会議長官宛に「告訴事件審理の件」を上申したが、これも梨の礫《つぶて》で埒があかない。憤慨した村中と磯部は連名で七月十一日付の「粛軍に関する意見書」を全軍にばら撒き、また世論にも訴え、大反響を巻き起こした。

林陸軍大臣を始め軍首脳は、これを重大視し、八月二日付で、村中と磯部を免官にしてしまった。まさに虎を野に放ってしまったのである。

民間人となった二人は、北一輝と西田税を始め栗原中尉ら青年将校などと頻繁に連絡を取りながら、不当弾圧だと暴れ、次第に二・二六事件へと突き進んで行ったのである。

3. 永田軍務局長を斬殺した相沢事件

二・二六事件の前年（昭和十年）八月十二日、相沢三郎中佐による永田鉄山陸軍省軍務局長斬殺事件が起こった。永田局長は陸士をトップで、陸大を二位で卒業、歩三連隊長・軍事課長・参謀本部第二部長・軍務局長と中枢部を歴任した陸軍きっての偉材と言われた。統制派の中心人物として東條英機・今村均・武藤章《あきら》・影佐《かげさ》禎昭《さだあき》・富永恭次・池田純久《すみひさ》など秀才を集めて政策研究を行い、軍務局長時代は、財界や近衛文麿ら重臣などとも広い付き合いがあり、まさに陸軍のホープであり、いずれ全軍の首脳になるものと目されていた。

一方相沢三郎中佐は、陸士二十二期で、明治四十三年仙台歩兵二十九連隊に配属されたが、たまたま同連隊の中隊長だった東久邇宮稔彦王殿下の中隊付となったことから、長くご指導を受けた。大正七年、中尉として台湾歩兵第一連隊に二年三ヵ月勤務した後、剣道の達人であったので、陸軍戸山学校と陸軍士官学校の武道教官として、師範を務めた。昭和二年に少佐となり、東京の歩兵第一連隊付となる。昭和六年に青森の歩兵五連隊大隊長になるが、ここで革新将校の指導者、大岸頼好中尉と知り合い、国家革新思想の影響を受け、西田税や村中孝次らと親しくなっている。

昭和八年に福山の歩兵四十一連隊付で中佐となった相沢だが、狂信的で常軌を逸した行動をとることが多く、危険分子として常に憲兵に尾行されていた。

そういう中、かねてから崇拝していた真崎甚三郎大将の教育総監罷免（昭和十年七月十五日）に大いに憤慨し、七月十九日上京して、短刀を忍ばせて永田軍務局長に会い、「教育総監更迭は統帥権干犯の大問題で、陛下の軍隊を財閥や政党に利用されるもの」として辞職を要求したが、この時は一時間にわたって永田にしゃべりまくられて追い返され、その夜は西田税宅に泊まり、大蔵大尉、栗原中尉と会って、真崎罷免の〝真相〟を聞き福山に帰った。

八月一日に台湾歩兵第一連隊付（台北高商配属将校）に転勤命令が出された。

しかし、村中孝次から送られた「教育総監更迭事情要点」を読み、改めて憤激が募り、永田殺害の決意を固めた。台湾に赴任のためとして再度上京の途中、旧知の大阪第四師団長東久邇宮殿下に転任の挨拶をし、伊勢神宮と明治神宮に参拝した後、西田税の家に泊まった。その翌日八月十二日早朝、陸軍省に向かい、九時三十分すぎ軍務局長室に入り込んだ。その時永田局長は、新見東京憲兵隊長から報告を受けていたが、相沢は無言で軍刀を抜き、迫った。永田は足音で気づき顔を上げ立ち上がった瞬間、刀は右肩に打ち下ろされた。永田が隣の軍務課長室に通じるドアを開けようとノブに手をかけたところ、追ってきた相沢は左手をそえて永田の背中を刺し、更に頭部に一撃、そして倒れたところを頸部に止めの一太刀を打ち下ろし、即死させたのであった。相沢は、もちろん陸軍省裏門で憲兵に逮捕された。

九月五日に、林銑十郎陸軍大臣が部内規律の弛緩の責任を負って辞職し、後任に川島義之大将が就いた。相沢を裁く軍法会議の第一回公判は、昭和十一年一月二十八日に青山の第一師団司令部で開かれた。その第八回公判に、真崎甚三郎大将が証人として出廷した二月二十五日の翌日に、二・二六事件が起きたのである。

なお、相沢三郎中佐はその年の七月三日に銃殺刑に処された。

4．二・二六事件の勃発

昭和十一年一月十五日、第二次ロンドン軍縮会議の日本全権代表永野修身大将は、ロンドン条約からの脱退を通告した。

一月二十一日、通常会議で立憲政友会が岡田啓介内閣不信任決議案を提出したため、政府は衆議院を解散を奏請し、解散詔書を奉読した。

一月二十八日、第一師団軍法会議において、永田鉄山軍務局長斬殺事件の相沢三郎被告の第一回公判が開始された。

二月二十日の選挙の結果、立憲民政党二百五、立憲政友会百七十四、昭和会二十、無産諸派二十二、中立二十六という結果で、特に岡田内閣の与党である民政党は八十議席増という逆転劇で、岡田内閣は信任され続投が確定的となり、政権は長期に及ぶのではないかとさえ思われた。

この選挙に、当時の福井県全県区で福田　耕《たがやす》総理秘書官が立候補し、二万四千票でトップ当選した。福井まで応援に行った内閣嘱託の松尾伝蔵大佐（岡田総理の実妹の夫）と福田秘書官は、二十五日夕方東京に戻った。その夜首相官邸で、岡田首相を始め、松尾大佐とその妻稔穂や迫水秘書官と妻万亀（岡田首相の次女）、岡田首相の三女登美穂《とみお》ら親しい人が集って「福田耕当選祝賀会」を開いた。福田と迫水は途中秘書官主催の祝賀会のため中座したが、松尾大佐が一番喜んで宴はにぎやかであった。

雪がしんしんと降っていたその夜、すでに麻布にある第一師団歩兵第一連隊と第三連隊、そして赤坂にある近衛歩兵第三連隊の一部中隊では事が起こっていた。

兵たちが日夕点呼《にっせきてんこ》を終え、就寝の準備をしていたところ、突然週番下士官がやって来た。

「そのままで聞け、明日早朝、非常呼集があるかも知れぬ。これは今までのものと違う。軍装は完全軍装とする。寝る前に水筒の水を詰め、もう一度靴や脚絆の置き場を確認しておくこと。銃もよく手入れしておけ」

それだけ言うと次の班の部屋に走った。

午前二時三十分、栗原安秀中尉の部屋へ下士官たちが集められた。まず、林八郎少尉が命令を下した。

「銃隊は、只今からかねてからの行動を起こす。襲撃

岡田啓介内閣総理大臣（左）と松尾伝蔵大佐（右）

目標、首相官邸の岡田総理。お前達には責任がないから安心せよ。名目は、突発事件発生、事件鎮圧のために出動とす。但し、この命に背くものは射殺する。以下、部署、任務について命令する」下士官達は、ひきつった目で聞いた。

その後栗原中尉が「蹶起趣意書」を読み上げたが、難解な漢文調のためほとんど理解されなかった。

「三時半営舎前集合」ということで、完全武装した兵が続々と整列していく。やがて、今回の行動隊長ともいうべき栗原中尉が指揮台に立った。

「当第一連隊機関銃隊は、皇国の憂いを絶つために『君側の奸』つまり天皇様のお近くに侍しながら、日本亡国を図る重臣たちを討ち『昭和維新』を断行する。重臣襲撃には他の隊も午前五時、同じ時刻に行動を開始する。当機関銃隊は、最も重要なる首相官邸の占拠、並びに内閣総理大臣岡田啓介の襲撃を担当する。官邸には、相当数の巡査が警備に当たっているが、当中隊は機関銃を中心に、これらの抵抗を排除し、目指す首相の殺害を目的とす。合言葉は『尊皇』と『討奸』。占拠後の歩哨線通過の許可証は、鉄帽に貼った三銭切手とする。諸君らが熱誠の尽力によって日本帝国の新しき時代の到来を期待するものである」

栗原中尉の凛とした声が響きわたり、初年兵たちは命令のままに動くより外になかった。実砲、空砲用弾が数万発、ハシゴ、マサカリ、ハンマーまで用意されていた。

栗原隊は午前四時半頃連隊営門を出発した。すでに、警視庁に向かう野中大尉の第三連隊が行進していた。陸軍大臣官邸占拠の歩一の丹生中尉隊も続く。

このように、二月二十六日早朝五時を期し、春の雪を蹴立てて起きたこの事件は、第一師団歩兵第一連隊と第三連隊、それに近衛師団歩兵第三連隊の一部中隊の青年将校二十名、准士官、下士官九十一名、兵千三百七十六名、民間人若干など合計千五百五十八人が参加したのであった。

まず午前五時に首相官邸、斎藤實《まこと》内大臣私邸、鈴木貫太郎侍従長官邸、高橋是清大蔵大臣私邸を一斉に襲撃し、五時半には牧野伸顕《のぶあき》前内大臣が投宿の湯河原伊藤屋旅館別館光風荘（貸別荘）、六時に渡辺錠太郎教育総監私邸を襲っている。

この他陸軍大臣官邸、陸軍省、参謀本部、警視庁等を占拠し、半蔵門・三宅坂・桜田門・虎ノ門・赤坂といった中心部を制圧し、山王ホテル、料亭幸楽などを接収して陣を張った。

また、午前九時、栗原安秀中尉は中橋基明中尉、池田俊彦、中あ島莞爾両少尉と共に兵約五十人を指揮して、朝日新聞社を襲い、活字ケース等をひっくり返した。その後東京日日、時事新報、国民、報知の各新聞社と日本電報通信社を廻り、ガリ版刷りの「蹶起趣意書」を掲載するよう要請したが、当局の差し止め指令があり、どの新聞も載せなかった。

歩兵第一連隊第十一中隊長代理、丹生誠忠《よしただ》中尉率いる百七十名が、陸軍大臣官邸を包囲・占拠し、陸軍省・参謀本部がある三宅坂一帯に兵隊を配置して、交通を断った。

このため、九段下にある憲兵隊司令部の三階が臨時の陸軍省・参謀本部となった。

歩兵第一旅団副官香田清貞大尉、村中孝次（大尉、免官）、磯部浅一（大尉、免官）らは、午前五時に陸軍大臣官邸に入り、川島義之陸軍大臣との面会を求めた。川島陸軍大臣は殺されるかも知れないという恐怖からか、風邪といって布団から起き上がらず、なかなか面会に応じなかった。大臣秘書官小松光彦少佐が駆けつけて応対して時間を引き延ばし、午前六時四十分に姿を現し、大広間の会議机を間に着席し、ようやく会談が始まった。まず香田大尉が、次のような「蹶起趣意書」を読み上げた。

蹶起趣意書

謹んで惟《おもんみ》るに我が神洲たる所以《ゆえん》は万世一系たる　天皇陛下御統帥《とうすい》の下に挙国一体生成《せいせい》化育を遂げ終《つい》に八紘一宇《はっこういちう》を完《まっと》うするの国体に存す。

此《こ》の国体の尊厳秀絶は天祖肇国《ちょうこく》神武建国より明治維新を経て益々体制を整え今や方《まさ》に万邦《ばんぽう》に向つて開顕《かいけん》進展を遂ぐべきの秋《とき》なり。

然《しか》るに頃来《けいらい》遂に不逞凶悪の徒簇出《そうしゅつ》して私心我欲《がよく》を恣《ほしいまま》にし至尊絶対の尊厳を藐視《びょうし》し僭上《せんじょう》之れ働き、万民の生成化育を阻碍《そがい》して塗炭《とたん》の痛苦を呻吟せしめ随《したが》つて外侮外患日を逐《お》うて激化す、所謂《いわゆる》元老、重臣、軍閥、財閥、官僚、政党等はこの国体破壊の元兇なり。

倫敦《ロンドン》軍縮条約、並に教育総監更迭に於ける統帥権干犯《かんぱん》至尊兵馬大権の僭窃《せんせつ》を図りたる三月事件或《あるい》は学匪《がくひ》共匪大逆教団等の利害相結んで陰謀至らざるなき等は最も著しき事例にしてその滔天《とうてん》の罪悪は流血憤怒真に譬《たと》え難き所なり。中岡、佐郷屋《さごや》、血盟団の先駆捨身、五・一五事件の憤騰《ふんとう》、相沢中佐の閃発《せんぱつ》となる寔《まこと》に故なきに非ず、而《しか》も幾度か頸血《けいけつ》を濺《そそ》ぎ来つて今尚些《いささ》かも懺悔《さんげ》反省なく然も依然として私権自慾に居つて苟且偸安《こうしょとうあん》を事とせり。露、支、英、米との間一触即発して祖宗遺垂《いすい》の此の神洲を一《いっ》擲《てき》破滅に堕せしむは火を睹《み》るより明かなり。内外真《まこと》に重大危急今にして国体破壊の不義不臣を誅戮《ちゅうりく》し稜威《みいつ》を遮り御維新を阻止し来れる奸賊《かんぞく》を芟除《さんじょ》するに非ずして宏謨《こうぼ》を一空せん。恰《あたか》も第一師団出動の大命渙発せられ年来御維新翼賛を誓ひ殉死捨身の奉公を期し来りし帝都衛戍《えいじゅ》の我等同志は、将《まさ》に万里征途に登らんとして而も省みて内の亡状に憂心転々禁ずる能はず。君側の奸臣《かんしん》軍賊を斬除して彼《か》の中枢を粉砕するは我等の任として能《よ》くなすべし。

臣子たり股肱《ここう》たるの絶対道を今にして尽さずんば破滅沈淪《ちんりん》を飜《ひるがえ》すに由なし、茲《ここ》に同憂同志機を一にして蹶起し奸賊を誅滅《ちゅうめつ》して大義を正し国体の擁護開顕に肝脳を竭《つく》し以つて神洲赤子の微衷を献ぜんとす。

皇神皇宗の神霊　冀《こいねがわ》くば照覧冥助《しょうらんめいじょ》を垂《た》れ給はんことを！

昭和十一年二月二十六日

陸軍歩兵大尉　野中四郎

外同志一同

次に、机上に地図を広げて部隊の配備と襲撃状況を説明し、蹶起将校の名簿も差し出した。更に香田大尉は具体的政治方策として「陸軍大臣への要望事項」（山下奉文軍事調査部長が原案を作成したもの）を手渡し、朗読して、次のような要求をした。

イ）陸軍大臣は、事態の収拾を急速に行うとともに、本事態を維新廻転の方向に導くこと。決行の趣旨を陸軍大臣を通じて天聴に達せしむること。

ロ）警備司令官、近衛、第一両師団長及び憲兵司令官を招致し、その活動を統一して、皇軍相撃つことなからしむるよう急速に処置をとること。

ハ）兵馬の大権を干犯したる宇垣一成朝鮮総督、南次郎関東軍司令官、小磯国昭中将、建川美次中将を保護検束すること。

ニ）速かに陛下に奏上し御裁断を仰ぐこと。

ホ）軍権を私したる中心人物、根本博大佐、武藤晃中佐、片倉衷少佐の即時罷免。

ヘ）林銑十郎大将と橋本虎之助中将を即時罷免すること。

ト）ソ連を威圧するため、荒木貞夫大将を関東軍司令官に任命すること。

チ）重要なる各地の同志将校を即時東京に招致し事態収拾に当たらしむること。

リ）前各項実行せられ事態の安定を見るまでは、蹶起部隊を警備隊編入、現占拠位置より絶対に移動せしめざること。

ヌ）報道を統制するため山下奉文少将を招致すること。

ル）次の者を陸相官邸に招致す。

二十六日午前七時まで招致すべき者

古荘陸軍次官、斎藤瀏少将、香椎警備司令官、矢野憲兵司令官代理、橋本近衛師団長、

堀第一師団長、小藤歩一連隊長、山口歩一中隊長、山下軍事調査部長
午前七時以降招致すべき者
本庄、荒木、真崎各大将、今井清軍務局長、小畑敏四郎陸大校長、
岡村寧次参謀本部第二部長、村上軍事課長、西村兵務課長、鈴木貞一大佐、満井佐吉中佐

「要望事項」を逐一聞いた川島陸軍大臣は「この中に自分としてやれる事もあればやれぬ事もある。勅許を得なければならぬ事は自分としては何とも言えぬ」とか、「困ったことをしてくれた」などブツブツ言っていたが、結局、秘書官に「古荘（陸軍次官）、荒木（大将）、山下（軍事調査部長）を呼べ」と命じ、村中が「荒木の考えは最近変わっておるようだから真崎を呼んで下さい」というと、「真崎を呼べ」と命じたのであります。押し問答を繰り返しているうちに、続々陸軍大臣官邸に集まり始めた。

まだ七時に間があるとき、真っ先に斎藤瀏《りゅう》少将が栗原中尉と同車して現れた。次に小藤恵《めぐむ》歩兵第一連隊長と臨時連隊副官となった山口一太郎大尉が来た。

この「叛乱」を「義軍の義挙」と明言する斎藤少将は、香田大尉らと「要望事項」実現をなかなか確約しない川島陸軍大臣に向かって、次のように決断を迫った。

「事態がここまで至った責任は、軍上層部に存在すると思う。それで彼等青年将校の主張及び終極の目的とする所を活かすよう、臨機応変に処置されたい。彼等の行動は穏当を欠くも、蹶起の趣旨は諒とすべきところがあり、その精神を生かすように御努力を望みます。また、忠か不忠かを決定し、裁然と処置する

必要はあるでしょう。しかしながら、皇軍が相撃つ如き事態は絶対にないようお願いします」

山口大尉にも「皇軍相撃は絶対に避けよ、蹶起将校の今度の手段はともかくとして、彼らの精神を生かさねば、こういう事件は何回でも起こるであろう」と迫り、香田大尉らの要求に次ぐダメ出しに、川島陸軍大臣はすっかり焦燥してしまった。

次いで七時三十分に古荘幹郎陸軍次官、八時には山下奉文軍事調査部長の順に姿を見せた。

最も注目されるのは皇道派の巨頭、真崎甚三郎大将の動きである。まず、主な経歴としては、大正末期から昭和の初めにかけて陸軍士官学校に長くおり、最後に校長を勤めたので青年将校の信望を集めていた。そして昭和四年第一師団長、同六年台湾軍司令官、同七年参謀本部次長、同八年大将・軍事参議官、同九年教育総監、同十年軍事参議官を歴任し、頭脳明晰で、部下操縦に非凡な才があり、何よりもその豪放な姿勢が革新思想に通ずる一面があったため、青年将校の心をとらえ、人気は荒木に譲っても勢威は荒木をはるかに凌ぐものがあり、完全に一方の旗頭となっていた。

この日真崎大将は、午前四時三十分亀川哲也の訪問を受け「事件の第一報」を聞いた。そして亀川に、渋谷区千駄ヶ谷にいる法曹界の重鎮鵜澤總明《ふきあき》博士のところに直ぐ行けと命じた。その鵜澤は元老西園寺公《さいおんじきん》望《もち》公に繋がっている故である。亀川から話を聞いた鵜澤は、静岡県興津の坐漁荘にいる西園寺公のところに向かったが会えず、熊谷八十三執事に「軍の状勢と時局収拾には第一に元老内閣、第二に軍部内閣を願いたい」と伝言し、遅れたが西園寺の耳に入れてもらった。

八時三十分、陸軍大臣官邸に歩哨の停止命令を聞かない一台の自動車が入って来た。磯部浅一が近づいて見ると、真崎大将ではないか。勲一等旭日大綬章を胸につけて威風堂々たる出で立ちであった。「閣下、統帥権干犯の賊類を討つ為に蹶起しました。情況を御存知でありますか」と言った。真崎は「とうとうやったか。お前たちの心はヨオックわかっとる。ヨオックわかっとる」と答えられた。「どうか善処して頂きたい」と告げると、真崎大将は「宜しきよう取り計らうから」と大きな声で言い、うなづきながら意気揚々自信たっぷりで官邸の中に消えていった。

ちょうど香田大尉らが川島陸軍大臣と話し合っていた談話室に入ったが、その時の川島大臣はまるで魂の抜け落ちた生ける屍の様であったので、真崎大将は励ましの声をかけ「一体どうする方針か？　もうこれでいくしかないな。いずれにせよ東京に戒厳令を布《し》いて収拾策を講ずべきだ。至急参内して要望事項を天皇陛下に奏上せよ」と強く忠告した。川島陸軍大臣は早速、逃げるようにして官邸を出て、宮中に向かった。

それから真崎大将は、磯部から決起の趣旨と行動について説明を受け、「自分はこれから善後処置を行う」と言い、官邸を出て、車を伏見宮邸に走らせた。

そこには加藤寛治《ひろはる》海軍大将がすでに参着していた。加藤は真崎を案内して共に殿下に御目にかかった。事件の概要を具体的に言上した上で、大詔渙発《かんぱつ》への尽力を要請した。そして伏見宮殿下と加藤寛治海軍大将の同時参内を取り決めている。

陸軍参謀本部作戦課長石原莞爾《かんじ》大佐は、事件の第一報を陸軍省人事課長阿南大佐から受けた。石原大佐は、小藤第一連隊長、渋谷第三連隊長に対し、「直ちに連隊旗を捧持して三宅坂へ来い。そして叛乱将校に連れられている兵隊に、連隊旗の元に集合を命じ、兵隊を集めて引き揚げてしまえ」と、連絡をとったが、おいそれとは実行されなかった。

そこで、石原大佐は、叛乱軍が占拠している陸軍大臣官邸へ向かい、平河町まで来たところ、兵隊に機関銃を構えさせていた安藤輝三大尉が「大佐殿、今日はこのままお帰り頂きたい」と言ったので、「貴様何をいうか、陛下の軍隊を私するとは何事か、不届千万な奴だ。この石原を殺したかったら臆病なまねはするな。貴様ら直接自分の手で殺すべし。臆病だから自分の手ではできない。それで兵隊の手を使って人殺しをしようなどとは何たる卑怯な奴だ」と怒鳴りつけ通って行った。

陸軍大臣官邸に入った石原作戦課長は、興奮して、「何だこのざまは、皇軍を私兵化して……軍旗を奉じて断固討伐……」と口を開いた。この部屋にいた青年将校が剣をチャンと鳴らして立ち上がり、柄に手がかかっている。斎藤瀏少将が「待て!」と制し、石原大佐に言った。「君の見解は見解として、今興奮している青年将校に言う場合ではあるまい。事はこれを拡大してはならぬ。またそう興奮せずに穏やかに話してはどうか」言うと。石原大佐は斎藤少将を睨み「何だ、予備の斎藤少将が……」と、「予備の斎藤だが、動員令があれば、現役の大佐の上官ともなる、罵倒はやめられよ」とのやりとりがあり、石原大佐はぶつぶつ言いながら部屋を出て行った。

そして官邸玄関で、真崎大将と出くわしたので、「お体はもうよいのですか。体が悪い人が早いご出勤ですね。ここまできたのも自業自得ですよ」と話しかけると、真崎大将は「朝早く呼ばれたものだからねぇ。まあ、何とか早くまとめなければいかん」と意味深長な応酬があった。

満州事変の立役者である石原莞爾大佐にしても、蹶起軍の本拠地にいるのだから、厭味、毒舌の一つも言わなければならなかったのだろうし、石原の一言居士は有名で、皮肉の痛烈さには定評があった。

この石原大佐は、先の斎藤少将に対し、「いうことを聞かねば軍旗を持って来て討つ」と豪語したところ、「なにを言うか」と押し問答にもなっている。

石原作戦課長が、広間の椅子に傲然《ごうぜん》と座っていると、栗原中尉が来て、「大佐殿の考えと私共の考えは根本的に違うように思うが、維新に対して如何なる考えをお持ちですか」と詰め寄られた。

石原大佐は「僕はよくわからん、僕のは軍備を充実すれば昭和維新になるというのだ」と答える。

すると栗原中尉が磯部浅一に向かって「どうしましょうか」と言って、拳銃を握ったが、磯部が黙っていたので、栗原は引き下がり、何事も起きなかった。

また、石原大佐は、宮中西溜りの間にあった閣議室に向かう川島陸軍大臣を捉まえて、「とにかく早く戒厳令を布きなさい。叛乱が全国に飛び火したらどうしますか、全国戒厳です。東京だけでは駄目ですぞ」と言った。川島大臣は、「まあ、まあ、いま閣僚と相談するから」と答えた。更に追いかけながら「この期に及んで相談などと悠長なことを言っておれない。全国に飛び火したら日本はどうなる、一刻を争う時です。すぐ戒厳令の公布を要請しなさい。何のための単独上奏ですか、すぐおやりなさい」と痛言した。

二十七日午前二時頃には、帝国ホテルで橋本欣五郎大佐、満井佐吉中佐、亀川哲也らと時局収拾の会談を行う(結果的には実を結ばなかったが)など石原ならではの動きをしている。

石原大佐が戒厳司令部にいるとき、荒木貞夫大将がやって来た。その荒木を見るなり、「馬鹿！　お前みたいな馬鹿な大将がいるからこんなことになるんだ」と直言居士にしてもずいぶん思い切ったことを言ったものだが、荒木大将は「何を無礼な！　上官に向かって馬鹿とは軍規律上許せん！」と激しく怒った。石原大佐は「叛乱が起こっていて、どこに軍規があるんだ」となお食ってかかる。居合わせた警備司令部の安井藤治参謀長（のちの終戦時の鈴木貫太郎内閣の国務大臣）が、まアまアと間に入って、何とか収めたということもあった。

当初から軍にあって叛乱軍討伐を貫き通す石原の信念はさすがに揺るがず、戒厳司令部作戦課長・参謀としても、命令はことごとく石原参謀を介して発せられ、情勢報告は全て石原に集まったといったように、戒厳司令部を取り仕切る実力者ぶりをまざまざと見せつけた。それは、ある時は香椎戒厳司令官を動かし、またある時は杉山元《げん》参謀次長の尻を叩き、そしてある時は川島陸軍大臣に直言するなど、事件鎮定の最大の功労者となった。

それに先立つ時刻、陸軍大臣官邸の門附近で一騒動あった。当時陸軍省軍事課満州班勤務の片倉衷《ただし》少佐ら十四、五人の将校が、川島陸軍大臣に面会を求めて、警備の丹生中尉と押し問答をしていた。その時ちょうど石原作戦課長が通ったので、片倉少佐は「課長殿、話があります」と言った途端に、磯部浅一が片倉のこめかみに拳銃を発射した。片倉は「撃つ必要はない」と四、五歩よろけ倒れながら叫んだ。磯部は軍刀を抜き右手に持って正眼に構えている。片倉は「話せばわかる、刀をおさめろ」と怒鳴った。片倉少佐は、傍らの大尉に支えられ血まみれになりながら、「やるなら天皇陛下の命令でやれ」と怒号し、直ぐ赤坂見附下の前田病院に搬送された。頭の骨に留まっていた弾丸を摘出され、奇跡的に命を取りとめた。

片倉は後に粛軍工作に重要な役割を果たし、少将で高崎第二〇二師団長となった。この磯部、片倉の二人は、先に述べた「士官学校事件」で敵対しており、叛乱軍の「要望事項」の七項に「軍の中央部にある軍閥の中心人物片倉少佐を除くこと」と挙げられている。因みに片倉少佐の夫人は、「要望事項」の五項で保護検束することとされている南次郎大将の姪である。このような磯部と片倉の宿命の対決が、どうも二・二六事件を生み出した一因ともなったと言えそうである。

5. 首相官邸襲撃と岡田啓介総理の救出劇

こういうクーデターの大事の最中、しかも三百名近い兵隊に厳戒態勢で占拠されている首相官邸から、いかにして岡田啓介内閣総理大臣を無事に救出できたかという、二・二六事件のドラマチックな最大のクライマックスの真相を述べよう。

歩兵第一連隊機関銃隊栗原安秀中尉・林八郎少尉・対馬勝雄中尉らが指揮する二百九十一名の兵が首相官邸に到着したのは、まだ暗い午前五時少し前。機関銃の銃口は官邸方向に集中し、首相官邸を完全に包囲した。官邸通用門より栗田伍長率いる約二十名、裏門より林少尉率いる約六十名、部隊の主力は栗原中尉が指揮して表門から入った。まず警備していた四十名の警察官を武装解除させたので、残る警官は邸内の数名のみとなった。早や駈け足で日本間玄関に向かったが、扉が頑丈なためハンマーで窓をぶち壊し、初年兵が踏み台になって襲撃班を次々に送り込んだ。

首相官邸の各部屋の非常ベルが一斉に鳴り出した。松尾伝蔵大佐（内閣嘱託で岡田総理の妹婿）は直ちに玄関の方に走り、電灯を全部消し、玄関の護衛詰所において拳銃で防戦していた土井清松巡査と一緒に岡田総理の寝室に駆けつけた。二人して「来ました。来ました」と言う。総理が「何が来たか」と問うと、「軍隊が大勢来ました」。総理は、「そんなに来られてしまっては、どうにもならないじゃないか」と言った。二人は「そんなことを言っている場合じゃありません。直ぐ避難して下さい」と岡田総理の手を引っ張って寝床から起こした。

寝間着のままであったが、寝室の前にだけ非常用くぐり戸があるので、松尾大佐がこれを開けて、まず庭に飛び出した。と同時に、パンパンと銃声が起こった。よく見ると庭にはすでに兵隊が散兵線を布いている。先回りして待っていた清水與四郎巡査が、この射撃であえなく倒されてしまった。松尾大佐はここはダメだとまた家の中へ走り込んで来た。玄関内詰所で防戦していた村上嘉茂右衛門巡査部長も合流し、総理、松尾、二人の巡査の四人は、左方廊下から台所に入り、その隅にある風呂の湯沸し用銅製のボイラーを盾にとるような形で立った。

しばらくすると、玄関から右方廊下の電灯が順に灯るので、兵隊の進路がわかる。そのため当方は暗闇の中を左廊下の方へ退きながら通っていたら、そこにちょうど大浴場前の洗面室（六畳）があり、土井巡査が総理を大浴場に突き入れ、浴場のガラス戸を閉めて「出てはいけませんよ」と言った。この大浴場は大きすぎるので普段は使用せず、和洋酒の瓶を置いていた。

この時、向こうから五、六人の部下を連れてやってきた将校と出くわした。村上巡査は洗面所から大きな椅子を持ち出して、これを盾に、浴室の外の廊下で近づく連中にピストルで応射したが、たちまち撃ち殺されてしまった。また土井巡査はピストルの弾が切れたので、隊長らしき将校に飛び掛り取っ組み合いとなった。この土井巡査は、柔道四段、剣道二段の強者《つわもの》なので手もなく組み伏せたが、部下によって背部から銃剣で何度も突かれ、左肩はマサカリで斬られ力尽きた。最初に、日本間の玄関で撃ち合いになり殺された小館巡査も含めて、これで首相官邸内にいた護衛の警察官は、一人もいなくなってしまった。

ここまでは何とか難を逃れた岡田総理と松尾大佐の二人は、しばらく大浴場に潜むことにしたのであった。

そうした官邸内で銃撃戦が行われている時、迫水秘書官は、官邸裏門前の秘書官官舎に住んでいたので、同じく銃剣を持った兵隊に囲まれ、家族ごと軟禁されてしまっていた。そこへ将校がやってきて、丁重に「誠にお気の毒ですが、国家のために総理大臣のお命を頂戴しました。これは私怨ではありません」と言うと、敬礼して帰って行った。

迫水秘書官は、まさに「万事休すだ」と思ったが、気を取り直して、隣の福田耕秘書官に会いに行き、相談した結果、ともかく官邸に入って岡田総理の遺骸に香華を供えようということになった。それでは、どうしたら官邸に入ることができるかと考え、まず麹町憲兵分隊に電話して、その斡旋とその場合の保護を依頼したところ、「ともかく、現況では憲兵隊本部があれこれ指図する状態ではありません。幸い何名かの憲兵が首相官邸に入っております。それと連絡とり、襲撃隊の責任者と交渉してください」という返答であった。しかし現実には、官邸内にいる憲兵とは連絡の取りようがない。仕方ないので官邸から出てくる憲兵をつかまえようということになった。

そこで、秘書官官舎の二階から裏門を見張っていたら、やがて一人の憲兵が出てきた。すぐに官舎の門前に出て、憲兵を呼び止めて様子を聞くと、「岡田総理は殺されております」と言うので、麴町憲兵分隊との交渉のことを話し、「何とか遺骸だけでも見られるように取り計らってほしい」と頼み込んだ。その憲兵は、「ハイッ、承知しました。私も努力してみますが、秘書官殿のお立場からも官邸占領の指揮官に電話で交渉して下さい。電話は通じております。指揮官は歩一（歩兵第一連隊）の栗原中尉殿でありま す」と言ったので、福田、迫水両秘書官は、官舎に戻って早速電話した。長く待たされたが、栗原中尉が出てきたので、「どうか一つ回向《えこう》させて下さい」と言ったが、「今は、お気の毒ですけれどもそういうことはできません」と非常に丁重に断られた。

しばらくして午前十時近くになってから、「それじゃ秘書官、お会い下さって結構です。但し、遺骸の検分は秘書官お二人に限ります。こちらから案内者を差し向けます。必ずその指図に従って下さい」ということであった。やがて二等兵が、鉛筆で「通行証」と書いた栗原中尉の名刺を持って迎えに来た。

迫水秘書官が官邸に行こうとした時、万亀夫人が玄関まで見送りに来た。迫水は、「何分こういう時だから、もし一時間経っても帰らないときは、私に異変があった場合だから、お母さんと子供たち（当時中風で身体の不自由な母と五歳の長男、二歳の長女がいた）とをよろしく頼む」と言った。それに対し、「ご心配はいりません、必ずお引き受けいたします。私は松尾の叔父さんは亡くなられたと思うけれども、お父様はきっと生きていらっしゃいますよ」と返答した。「そうだな、生きてくだされぱいいが」とのやりとりがあって、福田秘書官と一緒に兵士の先導で官邸へ向かったのであった。

福田秘書官が自分のところのご仏壇から、香炉・線香・花立てにそこら辺にある花を用意して、その二等兵の後に付いて行った。この兵士は二人の秘書官の気持ちもわからないのか、得意げに襲撃の様子を語り、「まあ、時は元禄十五年、卍ともえと降る雪の中、赤穂浪士吉良邸討ち入りの段でござんしたよ」としゃべりながら案内された。後で聞くと浪花節語りであったという。その軍服にはほうぼう血痕が付いていた。邸内に入ると、各部屋は軍靴に踏み荒らされ、いつも整然としていた邸内は器物が散乱していた。廊下のところどころに兵隊がたむろし、二人をじろじろと眺めるのであった。

ようやく叛乱軍の将校に導かれて、遺骸の置かれている寝室のところに来た。その時叛乱軍の将校や兵士が十数人ついていたのが、先に福田秘書官が部屋に入り、続いて迫水秘書官が入ると同時に振り返って、兵士たちをを次の間に置いたまま襖を閉めてしまった。そして枕元に座り、合掌してから、おもむろに顔にまでかかった布団をはいでみた。その一瞬、迫水秘書官は「あっ」と小さく叫び、驚いて息を呑んだ。岡田総理の遺骸とばかり思っていたのに、実際には、当時官邸に一緒に居住していた松尾伝蔵という、岡田総理の妹の夫である陸軍大佐の遺骸であったのだ。

いったい本当の岡田総理はどうなっているのか？　まさか生きているとは思わないが、どこかで殺されてそこら辺に転がされているのか？　幸いこの部屋には、迫水、福田の両秘書官の二人であるから、耳に口を寄せ合って相談し、叛乱軍が総理の遺骸と言っているのだから、ともかくこの死体をそのまま総理の遺骸として押し通すことにした。部屋を出る時に、福田秘書官に注意されて、迫水秘書官は胸のポケットからハンカチを取り出し、目に当てる演技をしたが、涙が出る騒ぎではなく、緊張した格好で、とにかく部屋を出た。部屋を出た途端に叛乱軍の将校から、「岡田閣下の遺骸に相違ありませんね」と念を押されたので、福田秘書官は、「それに相違ありません」と答えた。

迫水秘書官は、岡田総理がどうなっているかを偵察しなければと思い立って、叛乱軍の将校に「ところで、この家の中に女中が二人いたはずですが、どうなっていますか?」と聞いた。将校は「女中さんならあちらの部屋で震えていますから、一つ引き取ってくれませんか」と答えた。「それなら会わせてください」と頼むと、案内された。

迫水秘書官は、その女中部屋の襖を開け入ったとたん、ハッとした。というのは、震えているというのなら、部屋の真ん中で二人抱き合って震えているとか、奥の方でしゃがんでいるなら道理であるが、彼女らは何と入り口に一番近いところにある一間の押し入れの二枚の襖の前に、一枚ずつ背中を当てて、いかにもその押し入れを守るかの如き格好をして、女中の秋本作と府川絹が座っていた。迫水秘書官はとっさに、この押し入れの中に岡田総理がいるなとピンときた。私たちの後には兵士たちがいる。うかつにものは言えない。

迫水秘書官は女中に向かって、「怪我はなかったか」と聞いた。秋本作は、「はい、お怪我はございません」と答えた。「お怪我」と言うのである。自分のことに「お」の字をつける者はない。迫水秘書官は万事呑みこめ、素早くその場を立ち去ると、外の将校に、「総理の最期の状況をお聞かせ下さい」と話しかけた。中尉は、「武人として実にご立派なご最期でした。私どもは心から敬意を表します」と言った。この間数秒、福田秘書官は後に残り女中と話し、総理がその押し入れに隠れていることを確認し、総理に、「必ず救い出すから待っていてほしい」ということを申し上げた。

先程、岡田総理と松尾大佐は、寝室を出て、難を避けながらあちこち回って、浴室にようやく避難していたと述べたが、その続きがある。

松尾大佐が状況を見ようと窓から中庭に飛び降りた途端、「庭に誰かいるぞ」と兵隊に見つかってしまった。「撃て！」と下士官が怒鳴ったが、機関銃を凝視しながら誰も撃とうとしない。黙って突っ立っているだけだ。下士官は怒り狂ったように、再び「撃て、撃て」と叫んで、「貴様らは、今は日本にいるが、やがて満州に行かなければならないんだぞ。満州へ行けば、朝から晩まで戦をやるんだ。毎日人を殺さねばならないんだ。今この期になって、一人や二人撃ち殺せんでどうするか。撃て、撃つんだ」と言った。おそらく無抵抗の、しかも同じ日本人を撃つことにためらいがあったのか、また初年兵にとって人を殺すことは初めてであったのか。しかし、上官の命令とあれば止むを得ない。ついに「ダダダダ」と銃声が鳴った。松尾大佐は崩れるようになりながら、「天皇陛下万歳」と唱えて雪の中に倒れた。後で松尾の遺骸を調べたところ、十五、六発の弾丸が体中に入っており、さらに顎や胸に銃剣でえぐった痕があり、かなりむごたらしい殺され方をされていた。

倉友音吉上等兵の『手記』によれば、「満身創痍、血達磨になって、敷居に腰を落とし、断末魔の呻《うめ》きをあげながらも、姿勢を崩さず、端然としていた老人の姿は、実に立派なもので、今でも忘れられない。

凄惨極まりないその姿に、兵隊は誰しも手を下そうとしなかった」とある。

栗原中尉は倉友上等兵に止《とど》めを刺せと命じ、胸部と眉間に一発ずつ命中したので、松尾大佐は崩れるように前に倒れ、鮮血は雪を赤く染めた。既に十数発の銃弾を受けた後であったのに、である。

しばらくして、別の兵の一隊が現れ、松尾大佐が中庭に倒れているのを見て、「ここに誰か死んでおるぞ」と言いながら庭に降りた。連中は口々に、「じいさんだ。これが総理大臣かな」と話し合った。そのうち松尾の遺骸を担ぎ上げて、総理の寝室に運び込んだのである。兵士たちは首相官邸に総理の他もう一人年寄りがいたとは知られておらず、風貌からいって、また髭をたくわえた風格を見て、岡田総理だろうと判断し、寝室に運んだのであった。総理が平素いる居間の壁に掲げてあった岡田啓介の肖像画を、銃剣で突き上げて落としたと思われるが、たまたまその画のガラスに銃先でも当たったのか、眉間を中心に蜘蛛の巣状にひび割れしていて、人相を確認するのは困難な状態になっていた。それと見比べて、髭の形が似ているなどで、「これだ、これだ」と栗原中尉が岡田総理の遺体と断定したのである。

居合わせた兵士から、「万歳、万歳」と勝ち鬨の声が起こった。それが松尾大佐の遺骸を岡田総理の死体と誤認した瞬間で、午前六時のことであった。それにしても、時の総理大臣の顔を誰も知らなかったとは、テレビやインターネットが普及している今では全く考えられないことで、七不思議というか、それこそ〝奇跡〟としか言いようがなかった。

当の岡田総理は、薄着一着で寒くて仕方なかったこともあり、寝間着姿で見つけ出されるのも嫌だったそうで、着物を着ておこうと、浴室を出て寝室に入った。室内は土足で踏み荒らされて、散々たるものであった。先程まで総理が寝ていた床に、気の毒にも松尾大佐の死体が横たわっていたので、額《ぬか》ずいてから、素早く寝間着を脱いで袷《あわせ》に着替え、羽織をはおって袴をとりあげ、その紐を結ぼうとしたところ、人の足音がドヤドヤと近づいてきたので、岡田総理は直ぐさま廊下に出て、洗面所の壁のところに立って様子を伺った。すると寝室に入った兵士が、「今、何か変な者がいたぞ」「確か地方人（民間人）だ、じいさんだった」「しかしもう誰もいるはずがないんだから変だぞ」と言いながら引き返して行った。その兵士は坪井敬治一等兵であったが、後日、迫水秘書官に次のように語ったという。

「私は、あの死体が岡田総理かどうか疑っていましたので、栗原中尉が総理大臣室で将校たちと会議している時に行って進言しましたが、『今忙しいから余計なことは言うな』と一言のもとに撥ねられました。それでも腑に落ちなかったので、もう一度確かめてこようと二、三人の兵隊を連れて寝室に向かいました。寝室に近づいていくと、暗闇の中に一人の和服姿の老人がいるのが見えたので、誰かと叫ぶと、その老人は音もなく消えてしまいました。そこで私は別の兵隊に聞くと、一人は、確かに人はいたが天井の方に消えてしまったと言い、あと二人は何も見なかったと言いました。てっきり総理の幽霊が出たのではと、どうも薄気味悪くなり、早々に逃げ帰りました」

岡田総理は、寝室には戻らず、何とはなしに廊下を回って女中部屋の方へ歩いて行くと、バッタリと偶然二人の女中に会った。「まぁご無事でしたか。早くここへお入りください」と、素早く女中部屋に押し込むように入れられた。そして、押し入れの中の下の段に布団を三枚ぐらい敷いて岡田総理に寝てもらい、洗濯物を周囲に積み上げて、もし押し入れを開けられても分からないように工作し、小用を催したときには、空き瓶で用を済ませるようにした。そのように具合に隠れさせていたのであった。

秋本作は、先程の「怪我はなかったか」と問われたことに対し、「お」をつけて「お怪我はございません」と答え、「総理は怪我なくご無事ですよ」と暗示させた事もそうであるが、岡田総理を押し入れにかくまった後、すぐに松尾の部屋に行き寝床を片付けた。それは寝床の数と、見つかった人の数とが合わないと面倒なことになると思ったのであろう。ことほど左様に大変気がきく女性であった。それは、松尾大佐が何かの折に、「この官邸には、爺さんは総理だけ、自分は総理の影武者だ」と言っていたからでもある。

そのうち、誰かが女中部屋に入ってきて女中と話しているとき、押し入れの襖がガラリと開き、兵士に一瞬総理の顔を見られたが、直ぐにピシャリと閉め引き上げていった。後で聞くと篠田惣寿という憲兵上等兵であった。

また、別の兵士も女中部屋にやって来て、「もう次第に日が暮れようとしている。この官邸に女はお前たちだけだ。もう帰った方がよい」と言う。女中は「総理の死体がある間はここに居れ、と福田秘書官から堅く申し付けられていますから、帰ることはできません」と答えた。二人の女中も必死である。なにせ押入れの中に総理が潜んでいるので、何が何でも守らなければならないのだ。さらに「総理に尽くすお前たちの心はもう十分だ。もう帰れ、自動車で送ってあげよう」と押し問答するが、女中が言うことを聞かないので、兵士が怒って秋本作の手を取り引き立てようとしたはずみに押入れの襖が少し開いたが、すぐに閉じられた。「ああ判った。総理の死体がある間はここに居れ」と言うなり、部屋の外に出て、「憲兵さん、憲兵さん」と呼び、「ここに女中二人が、総理の死体がある間おりますから、食事の心配をお願いします」とまで言ってくれたのであった。

なお後日、土肥竹次郎という岡田総理の知人の息子が中国の戦地に行っていたが、たまたま二・二六事件の話が出たとき、部下の兵隊が首相官邸を襲撃した男で、「私は総理の生きていることを知っていたが、今更殺すべきではないと思ったので、上官に報告しなかった」と言ったそうである。

そんな事になっていようとは思いも知らない迫水と福田の二人は、ひとまず迫水の秘書官官舎に引き揚げて、「どうやって総理を救出するか」の善後策を協議した。

そこで迫水は妻に、「実は遺体は松尾伝蔵叔父さんのもので、お父さん（岡田首相）は女中部屋の押し入れに隠れて無事だ」と伝えた。妻は、「やっぱりそうでしたか」と緊張した面持ちをした。事件後「どうしてあの時総理が生きていると言ったのか」と聞いたところ、「ただなんとなくそんな気がした」というのであったが、いやはや霊感というものかも知れない。

そんな万亀夫人は、父の生存を喜ぶより、叔父の松尾が身代わりになって殺されたことを悲しんだ。万亀夫人は、盗聴を気にして、官舎から離れた公衆電話から淀橋区角筈（現新宿区歌舞伎町）の岡田の実家に、「お父さんは生存し、身代わりに松尾の叔父さんが殺されてしまった」と知らせた。家には、総理の妹登美穂《とみお》、総理の長男の妻昭子と女中の女ばかり三人いた。

岡田総理の次男貞寛は、当時海軍経理学校二号生徒（三学年）であり、その日、財政学の授業を受けていると、教官に呼ばれ、「貴様のお父さんが、陸軍の部隊に襲撃されて亡くなられた。すぐ支度をして帰れ。俺が送ってやる」と知らされた。分隊監事の安住主計大尉が、校長用の高級車を準備してくれた。もし岡田総理の息子だとわかった場合、何かトラブルが生ずるかも知れないとの配慮であった。案の定、途中桜田門のところで警視庁を占拠している部隊に止められたが、海軍の錨《いかり》のマークの付いた高級車には、さすが剣付き鉄砲を持った兵隊たちも丁重で、迂回路まで教えてくれた。そしてようやく角筈の自宅に辿り着いた。

そこで、叔母の登美穂から、「実はね、お父様は生きていらっしゃるのよ。さっき万亀ちゃんから電話あってね、軍隊は松尾の叔父様をお父様と間違えて殺し、お父様はご無事で、今、女中部屋の押し入れに隠れていらっしゃるんですって」と聞かされた。貞寛はにわかに信じられず、しばらく言葉も出なかった。

午後八時十五分、ラジオの臨時ニュースが、「陸軍省発表として、岡田首相、斎藤内大臣、渡辺教育総監は即死、鈴木侍従長重傷、高橋蔵相は（死去していたが為替相場の変動を恐れて）負傷」と伝えた。

十時頃、松尾伝蔵大佐の次男と三男が岡田私邸にやって来たが、兄弟はまさか自分達の父親が総理の身代わりになったことを知るはずもない。岡田家の方から、さすがに「事の真実」を言うことはできず、重苦しい時間のみが流れていった。

ここでもう一度、迫水秘書官の官舎での出来事に戻し、続きを述べよう。

折しも、そこへ宮内省から電話がかかってきて、「岡田総理への弔詞を述べられ、ついては勅使をさしつかわされる思し召しであるが、勅使を官邸において受けられるか、又は私邸で受けられるか。既に高橋是清大蔵大臣邸には勅使が行っている」と問われた。迫水秘書官は、この電話が叛乱軍によって盗聴されている危険があると思ったので、「実は岡田総理は生きておられます」と言いたかったが言えず、「只今遺骸は官邸にございますが、官邸はまだ軍隊によって占拠されており、勅使をお受けするようなことは、とても不可能だと思われますし、私邸の方もよく連絡が取れませんので、これまた勅使をお受けする準備はできません。畏れ多いことでございますが、今暫くのご猶予をお願い申し上げます」と冷や汗を流しながら答えた。すぐ「その旨」福田秘書官と相談したところ、とにかく天皇陛下にだけは、「岡田総理が生きている」ことを申し上げなければならないということで、迫水秘書官が宮内省に向かうことになった。

迫水秘書官は、もう一つ重要なことを思いついた。内閣総理大臣が在任中に亡くなると、例えば、東京駅頭で原敬総理が暗殺されたときも、加藤友三郎総理が病死したときにも、上席の閣僚に対して、「臨時兼任内閣総理大臣」という辞令が出ているから、このまま放置しておけば、上席の後藤文夫内務大臣に同じ辞令が出てしまう。しかし、実際には岡田総理は生きているのだから、このような辞令が出たのでは、後で首相官邸から脱出できても、他に総理大臣が立っているので、もう総理としての立場がなくなってしまっていることになって、始末が悪い。どうしても総理大臣が、事故のために職務がとれないという場合に相応する辞令でなければ困るということである。

そこで迫水秘書官は、隣家の内閣官房の横溝光暉総務課長の官舎に密かに行って、そのことを懇請した。物分かりの良い横溝課長は、あっさり呑み込んで、すぐ彼の目の前で、既に宮城（現皇居）内に入っていた担当の稲田内閣書記官に、この場合の辞令は、「内閣総理大臣臨時代理被仰付」という形式にするよう電話で指示してくれた。ただ、この辞令について内閣官房の係りから異議が出たが、稲田総務課長は「まだ総理死亡を確認していないから」として「課長命令だ」と強引に押し通した。

それから迫水秘書官は、叛乱軍の隊長で歩兵第一連隊機関銃隊の栗原安秀中尉に、「総理の娘婿として、私邸に行き、総理の葬儀について打ち合わせしたいので、安全に歩哨線の外に出してほしい」と申し入れた。栗原中尉は、「電話でも良いのではないか」などと言うので、「女ばかりの私邸なので、どうしても婿の自分が行って段取りをつけなければ困るのだ」と食い下がると、結局許可証を出してくれた。そして、「総理は武人として立派な御最期でした。自分たちは私怨があってこんなことをしたのではなく、国家のためにやむを得なかったと、ご遺族にお伝え下さい」と丁寧に言った。さすがに栗原中尉は礼儀をわきまえている軍人であった。さらに、歩哨線を出るまで案内兵を一人つけてくれた。迫水秘書官は咎められることもなく官邸脇の坂道を下りて、溜池の電車通りに出た。そこで兵隊は敬礼して帰っていった。すぐさまタクシーを拾い、平河門から宮内省に入った。午前十一時過ぎ、湯浅倉平宮内大臣に面会し、「実は岡田総理は生きておられます」と知らせると、湯浅は「エッ！」と驚きの声を漏らして立ち上がり、「そのことを奏上するから、ちょっと待ちたまえ」と言って御殿の方に急いで行った。まもなく引き返してきて、「無事の由を天皇陛下に奏上したら、『それはよかった』と非常にお喜びになられて、『岡田を一刻も早く安全なところに移すよう』と仰せられた」と伝えた。そこで、湯浅宮内大臣と、救出について何かよい方法はないかと相談したのであった。

この日は、とにかく一大事ということで、内閣官房では閣議も開かなければならないので、各大臣に対して至急参内するよう要請しており、既に数人の閣僚が来ていた。軍の方でも軍事参議官会議を開くのか、真崎大将、荒木大将なども来ていた。迫水秘書官は、その中に近衛師団長橋本中将の顔を見出した。橋本中将とは旧知で、前陸軍次官であり、正義感の強く誠実な人と知っていたので、この橋本中将に事実を打ち明けて、総理の遺骸を引き取るに当たっての、護衛という名目で、官邸の日本間の方（総理の隠れている方）に近衛師団の兵力を入れてもらい、うまく総理を救出する方法はどうかと考え、このことを湯浅宮内大臣に話してみた。しかし宮内大臣は、「近衛師団長も独断では措置が取れないだろう。きっと上の方に話をすると思うが、あそこにいる将軍たち（と将軍たちの集っている東溜の間の方を指して）は一体どちらを向いているのかわからないから非常に危険ではないだろうか」と言われた。

迫水秘書官は、そう言われてみればそうだ、迂闊なことはできないと戒心し、しばらく宮中に留まり様子を見ることにした。

閣僚もしだいに集まって来たが、肝心の筆頭席次の後藤文夫内務大臣や白根竹介内閣書記官長も来ていない。やっと揃って、正式な閣議が開かれたのは、午後四時すぎであった。

軍部の首脳部も皆集まって来ていた。この事態において、政治、軍事の中枢はもはや総理官邸や陸軍省にあるのではなく、宮中を舞台にして動いていたのである。

宮中における閣僚、軍事参議官、軍首脳部の動向について、迫水証言は次のように語っている。

全く可哀相に思えたのは川島義之陸軍大臣で、皆から銘々勝手なことを言われて、処置・判断が全くつかず、優柔不断で啞然としていた姿というのは、今でも目の前に出てきます。

私は、一番けしからんと思ったのは、陸軍省軍事調査部長の山下奉文少将で、いわゆる反乱軍擁護派でした。荒木貞夫大将、真崎甚三郎大将、林銑十郎大将の三人の軍事参議官は、態度が極めて不鮮明で、成すところを知らずという状態でありました。

また、大角岑生《みねお》海軍大臣に岡田総理生存の旨を伝えて、「海軍が何とかできませんか。松尾の遺骸を収容するために海軍の陸戦隊をあげる。総理大臣官邸、日本間の方の占拠部隊に退去を頼んで海軍で警備することにして、松尾の遺骸を引き取り、その間に岡田総理を救い出す方法はありませんか」と相談しました。そうしたら大角大将は驚愕し、「その話を俺は聞かんことにしておく。何も聞かなかったよ。君の言ったことは聞こえなかったよ。もしそういうことをしたら陸海軍の戦争になるだけだからな」と言いました。私は、何と頼りないのかと失望しました。

また、軍人さんの出入りが非常に多く、香椎浩平東京警備司令官（もともとは荒木直系の皇道派で、「本来自分は彼らの行動を必ずしも否認せざるものなり」と同調的であった人）なども出入りしていましたが、要は、方針が決まらないで右往左往して、全く頼りのない人たちばかりという印象でした。その中でも際立って反乱軍に同調的に行動したのは、山下奉文少将だったと思います。

さて、首相官邸の邸内はもちろん、その周辺は約千人の兵隊によって占拠されており、そうした中で、いかにして岡田総理を救い出すかという最大の課題があった。

戦争中を知っている方々は、「憲兵」というと、反射的に恐怖あるいは憎悪感を抱く人が多いであろう。もともと憲兵は、軍人の取り締まり、国内の安定という任務を持っていたのであるが、思想警察として軍人ばかりでなく、民間人にまで調査・検索に及んだため恐れられたのである。

その憲兵が思いがけなく味方についたのである。それは篠田惣寿憲兵上等兵、青柳利之憲兵軍曹、小坂慶助憲兵曹長の三人であった。

この日の午後二時頃、篠田憲兵上等兵は、二人の女中がこのまま官邸にいるのは危険と考えて、避難させようと女中部屋に行き、いろいろと勧めたが、泣くばかりで動こうとしない。そして片手で襖を押さえている様子なので、変だなと思って無理に襖を開けてみると、中に岡田総理が和服姿で座っているのを発見したのである。篠田上等兵は黙って襖を閉めて、そのまま立ち去った。すぐさま麴町憲兵分隊へ帰り、「その旨」を分隊長森健太郎少佐と特高課長小坂曹長に内密に報告した。二人とも愕然としてその真偽を疑ったが、篠田上等兵は、自分は何度も総理の顔を見て知っているから間違いないと断言した。二人は篠田に対して、厳に極秘にすべきことを命じた。

この情報を聞いた森分隊長は、「これはうっかり本部へも報告できない。もし生存が間違いでもあったら笑いものになるし、もし事実とすれば、憲兵将校の中にも、あちらに味方しているものもあるから、すぐに栗原や安藤に内通するだろう。そうなると、せっかく生きている総理を結果的に殺すということになる」と言ったと、小坂曹長の著書にある。

小坂曹長は、何とかして総理を救出したいと考えた。勅令の『憲兵服務規程』には、「憲兵は人の生命財産に対する不法の侵害に対しては兵器を使用してもこれを守らなければならない」と規定してあるし、天皇陛下がご親任になった一国の総理の危険を知って見殺しにできるかと、事の成否は別として、やれるだけやってみようと決心した。そして、協力者として、青柳利之軍曹の他にもっとも信頼している小倉倉一伍長を加えた二人を選定することを心に決め、二人が帰ってくるのを待って、このことを打ち明けた。もっとも困難な仕事であり、本当に決死的な仕事であったが、両人は喜び勇んで協力を引き受けた。

翌二十七日未明、三人は用意を整えて、首相官邸に行く旨を分隊長に報告したところ、森分隊長は、「人命の救助は憲兵の最も重要な任務の一つである」と言い、「決して無理するな」と彼らの行動を承認した。もし憲兵の決死の協力がなかったならば、岡田総理の救出は不可能であったであろう。

なお、岩佐祿郎憲兵司令官は小坂曹長から、岡田総理を無事に救出できたという報告を聞いて、それはよかったと心から喜んだという。この三人の憲兵に対しては、三月十日の陸軍記念日に九段下の憲兵司令部において、岩佐司令官より表彰状が授与されている。但し、公表はされなかった。

迫水秘書官官舎に、憲兵隊の小坂曹長、青柳軍曹、小倉倉一伍長の三人がやって来た。万亀夫人が応対し、「今、主人は宮内省に行っておりますから、隣りの福田秘書官にご連絡願います」と言ったので、小坂曹長は福田秘書官のところに行った。

福田秘書官は、はじめこの憲兵が敵か味方かわからないので、紅茶などを出して慎重に応対した。やがて小坂曹長は福田秘書官に、「官邸の女中部屋の押し入れの中に老人が一人いますが、知っていますか？いったいあの老人をどうするつもりですか」と言った。福田秘書官はそれでもとぼけて、「老人ですって、何ですか?」と答えた。小坂曹長は、「あの老人は総理大臣だと思いますが、違いますか? 女中に聞くと、『私たちの父親でございまして、昨日私のところに参りましたが、事件が起こったのでここに入れて隠してあります』と言っているが、どうなのですか」と問うた。福田秘書官は非常に困ったが、「総理大臣であったらどうしますか」と聞いた。すると憲兵は、「人の命の救助は憲兵の重要なる任務の一つであります」と答えた。そこで福田秘書官は決心して、「実はその老人こそ岡田首相です。ぜひ救出したいと思うので協力して下さい」と頼んだ。小坂曹長は、総理を救出することに協力すると、はっきりと申し出たのである。

福田秘書官は地獄で仏に会った心持ちで、いろいろと打ち合わせの上、小坂曹長と官邸に入り、一室で青柳軍曹、小倉伍長と協議し、救出案を練った。

帰り際に、小坂曹長から一挺の拳銃を渡された。「これは官邸の巡査詰所で拾ったもので、弾も入っています。万一失敗したときは、これをお使いください」と言われた福田秘書官は、何ともいえない心持ちだったと述解していた。

迫水秘書官が宮内省に行っている間、福田秘書官は、総理の遺骸に花を供えるからと言ったり、女中の食事を持っていくからという名目で官邸に入り、その度に岡田総理に会って、励ましたり情報を知らせていた。また、陸軍大臣秘書官小松中佐などに何度も電話して、軍隊の引き揚げを斡旋するよう頼んだが、なかなかそういう訳にはいかなかった。

夜になってから、叛乱軍に対し、「一国の総理大臣の遺骸に対して、少なくとも親戚友人に焼香もさせないということは武士道に反するではないか。ぜひ一度でよいから、弔問の人を集団的に官邸に入れることを許してくれ」と要求した。返事はなかなか来なかった。

翌二十七日の朝、福田秘書官の官舎の前に、陸軍の星印をつけた高級車が停まった。福田と親しい陸軍大臣秘書官である小松光彦少佐の名刺を持った、陸軍省の千葉少佐の来訪であった。名刺には、「信用できる男だから、何か用のあるときは千葉少佐に頼んでくれ」と書かれていた。

話を聞くと、栗原中尉とは主義主張は違うけれども極めて親しいという。

「まず、総理の遺骸の引き取りについてお手伝いでもしましょう」

福田としては、遺骸よりも生きている総理の救出の方が先である。そこで、「いや、それも大事ですが、なにしろ官邸内の総理の遺骸に焼香もさせないというので、海軍将官たちが皆憤慨していますから、何人か弔問客を官邸内に入れるようにしてほしいんですがね」と訴えた。

福田は、それら弔問客に混じって総理を脱出させることを考えていたのである。といっても、千葉に打ち明けることは危険と判断し、真実は告げなかった。

「なるほど、それなら栗原中尉に話してみましょう」。さすがに、千葉少佐は誠意的であった。

衛兵は福田秘書官と共に官邸に入る千葉少佐に敬礼した。栗原中尉は早速やって来た。福田達の申し入れに、「十人ぐらいならいいでしょう」と承諾してくれた。

総理脱出へ協力を約した憲兵は、女中部屋に入り、「閣下、憲兵です。救出に参りました。もうしばらくお待ちください」と申し上げた。岡田総理は「うん」と軽くうなずいた。

福田秘書官は小坂曹長に、「実は栗原の許可も得たので、すでに総理と同じ年頃の老人十人にモーニングを着せて、いつでも官邸に焼香に来られるように手配して、岡田総理の自宅に待機を指示してある」と話した。小坂曹長は、「弔問客にまぎれて脱出させる、それは名案です。それでいきましょう。官邸に二人の憲兵が待機しています」と言った。

女ばかりの岡田総理の自宅であったが、この緊急事態にあたり、岡田総理の縁戚にあたる加賀山学《まなぶ》が来て取り仕切っていた。福田秘書官は加賀山に、「至急、弔問客を来させるように」と伝えた。

加賀山学は、鉄道省工務局長などを務めた官僚で、岡田総理の弟・喜又の妻貞は学の妹である。弟の加賀山之雄《ゆきお》は、国鉄総裁を務めたのち参議院議員を二期務めた。その妻は、のちに「新幹線の父」といわれた十河信二の娘である。

しかし、この加賀山学にも岡田総理生存の真実は知らされていなかった。

加賀山は、「すぐ出発する。老人ばかり十人というが、身内の者が誰一人焼香出来ないなんて気の毒だから、息子の貞寛さんを増やしてもいいだろう」と言った。福田秘書官は、「まあ、いいでしょう」と答えた。

それに従って、ハイヤー二台と、岡田総理と親しい佐々木久二元代議士（尾崎行雄翁の女婿）に自家用車を出してもらい、それらに分乗して官邸に向かった。

その間、憲兵は隙を見ては岡田総理のモーニングなどを運んで、身なりを整えさせた。岡田総理は、メガネをかけ、大きなマスクをして、襟巻を深く巻き、脱出の準備をして待った。

午前十一時過ぎ、一行は福田秘書官の官舎に到着し、応接間で福田から「弔問の注意」を聞いた。

「皆様に是非守って頂きたいことが三つございます。一つは、すべて憲兵の指図に従い、勝手な行動をお取りにならないこと。二つ目は、〝総理の遺骸〟のある寝室と手前の居間との間の敷居のところに焼香台が置いてありますので、そこで焼香して下さい。敷居を超えて中には絶対お入りにならないこと、まだ検死が済んでおりませんから。もちろん遺骸に手を触れたりしてはなりません。最後に、どんなことがあっても声を立ててはなりません。従いまして、私語は絶対許されません。以上、厳しいようですが、軍の命令ですから固くお守り下さい。憲兵から連絡がありましたらすぐに出かけますから、そのままお待ち下さい」

福田秘書官は、外に出て自動車の位置を決めた。佐々木の車を先頭にし、運転手にはいつでも発車できる態勢で車内にいることを命じた。

やがて小坂曹長から合図があったので、十一人は一列になって首相官邸の裏門に向かった。

小坂曹長が衛兵司令に「弔問客十一名通ります」と言い、歩哨の員数確認を受けて玄関に入った。邸内に入ると、青柳軍曹が案内し、畳の間も土足で通った。ようやく居間に入ると、青柳軍曹は廊下の襖を閉め、福田と同じような注意をした。

一番最初に次男の貞寛が焼香した。遺体には布団がかけられ、ほんの少し出ていた頭には白布がかけられていた。貞寛はその白布を取ってみたい衝動に駆られたが、先程の注意とその場の異様な雰囲気で思い留まったと、のちに述懐したという。続いて一人ずつ焼香した。

その間に、福田秘書官は素早く女中部屋に走った。小坂曹長は福田の顔を見ると、押し入れの襖を開けて「閣下、出るんです。急ぎましょう」と言った。小坂曹長がすぐ右脇下から肩を入れ、福田秘書官が左肩を支え、病人を抱えるようにして部屋から出て、付近にいる叛乱軍の兵士に聞こえるようにわざと大きな声を出した。「だから言わんこっちゃないじゃないか。あれほど死骸を見るなと言っておいたのに、老人のくせに死骸を見るから気持ちが悪くなるんだ」と言いながら玄関に出て、「オーイ小倉伍長！　急病人だ。車を入れろ！　車！　車！　急ぐんだ。医者に行くのだから」といって、弔問客の乗ってきた自動車のうち一台（佐々木元代議士のフォード・セダン）を呼んだ。その車が横付けされると、小坂曹長がドアを開けて総理を押し込み、福田秘書官も素早く乗り込み、「早く、早く」といって発車させた。飛び出してきた衛生司令をはじめ、三、四人の兵士もただ見送っているだけで、官邸裏門を通過した。

時に午後一時二十二分、こうして岡田総理の乗った車は叛乱軍の囲みを抜け出すことができた。このように首尾よく脱出し得たのは、松尾大佐の遺骸を岡田総理の遺骸と間違えたことが要因であるが、とにかくあのクーデターの真っ只中における岡田総理の冷静沈着な行動と、秋本、府川の女中二人の機知、そして福田、迫水両秘書官の懸命な努力と、憲兵の献身的な協力が重なったことは、まさに奇跡としか言いようがない。

車が、溜池から赤坂を通って明治神宮外苑に辿り着いた辺りで、岡田総理は「煙草はあるか」と言った。そして、福田秘書官から差し出された「朝日」を旨そうに喫いながら、「これからすぐ参内する」と言うではないか。

「それは無理ですよ。とても今日は参内出来ません」と福田秘書官は言った。

「いや、どうしても参内するんだ。一刻も早く参内して、陛下に今回の事態に立ち至ったことのお詫びを奏上しなければならない」と言い張る。

福田秘書官は、「お気持ちは判りますが、今、参内して叛乱軍に遮られたら、どうなりますか。やっと助かった大切な命をあたら無駄に捨てることはありません。それに、参内するためには、まず体を清めてからでないといけません。着ておられるお洋服だって機関銃弾で穴だらけではありませんか」と言ったので、岡田総理は今日中の参内は取りやめることを渋々承知したのであった。

そして、車は一旦、本郷蓬莱町にある真宗大谷派東本願寺系の真浄寺に着いて、休憩した。そこで福田秘書官の旧知である寺田慧眼住職から、温かいおかゆと熱いお酒の接待を受けた。

しかし、用心深い福田は、ひとつところに長くいると足がつくことを心配して、再び総理に車に乗ってもらい、夜陰にまぎれて淀橋区下落合の佐々木久二邸へ潜行し、無事に着いた。

官邸から突然車が無くなって心配していた佐々木久二は、車とともに、亡くなったはずの岡田総理が現れたので非常に驚いたが、無事を喜び、参内までの滞在を快く引き受けた。

話をもう一度、岡田総理の脱出成功後の首相官邸の様子に戻す。

いつの間にか福田秘書官も憲兵もいなくなって、弔問客は焼香が終わったあと、その部屋に置き去りにされていた。そうしているところに、迫水秘書官が宮内省から戻ってきた。弔問客の官邸入りは、福田との電話で聞いていたが、詳しいことはわからなかった。女中部屋に行き、「うまく脱出できた」と聞いて

「よかった」と喜んだ。また、弔問客に対して、「福田秘書官は所用があって官邸を出ました。ともかくここを出て福田さんの家まで戻ります。本当にご苦労様でした」と告げた。

午後二時頃、〝総理の遺骸〟を騙った松尾伝蔵の遺骸のそばに椅子を持ち出して座っていたところ、総理の居間専用の電話が鳴った。出てみると妻の万亀からであった。「福田から電話があり、総理の無事脱出の経過、連絡先を報告してきた」との事で、迫水は安心し、早速宮内省の湯浅宮内大臣に、「総理無事脱出成功」を小声で伝えた。

次に迫水秘書官は、岡田の私邸に電話して加賀山を呼び出し、「ともかく今日遺骸を引き取りたいので、至急棺を送り届けてほしい」と言った。加賀山は、「現職の総理大臣の遺骸を納めるのだから、それ相当のものでなくてはならぬ。時間がかかるかも知れぬが承知した」と応じた。

棺が出来ると、息子貞寛がハイヤーに乗り、後に霊柩車を従えて首相官邸に到着した。そして納棺が終り、棺を担ぎ玄関に出たところ、兵隊が見送るため整列させられていた。午後四時半、貞寛は女中の秋本作、府川絹と一緒に霊柩車に乗った。迫水秘書官はハイヤーに乗って続いた。官邸の玄関、裏門も歩哨線を通る時も、兵隊たちは捧銃の礼をもって見送った。それに一台のオートバイが霊柩車を先導したのである。さすがに栗原中尉の〝総理の遺骸〟に対する弔慰の令は徹底していた。

角筈の岡田私邸に着いた頃にはすっかり日が暮れていた。

すでに菩提寺の住職も来ていて、準備をしていた。「総理大臣ですから、戒名はやはり院殿大居士と致します」。迫水秘書官は、違うとも言えず、「はい、結構です」と答えるしかなかった。

「眞光院殿仁譽義岳啓道大居士」という最高級の戒名を白木の位牌に達筆で書き、黒いリボンをかけた岡田啓介の写真の前に飾り、読経を始めた。因みに、この戒名は昭和二十七年岡田啓介元総理が八十四歳で天寿を全うしたとき、そのまま付けられたのであった。

親戚を始め弔問客は「岡田啓介」と思いこんでて焼香している。多くの弔問客が訪れ、次男の貞寛が祭壇の傍に座り、答礼を繰り返していた。

弔問客の中に医者がいて、「冬とはいえ、死体の処理をしておかないと腐ってくるから、棺を開けて処理する必要がある」と言う。迫水としては、棺を開けるわけにはいかないので頑強に拒否し、ドライアイスをいっぱい取り寄せ、棺の外側から懸命に冷やした。生花が次々に届き、縁側から庭まで並べられた。そのため縁側のガラス戸が外されたので、寒さが身にしみる。火鉢には赤々と炭火が燃えていたが、ドライアイスによって温度を下げられていた。

迫水秘書官は、親戚や居合わせた人たちに、「いずれ検死官がくるから、それまで絶対に棺の蓋を開けてはならない」と強く言い渡し、後事を加賀山に託して、「総理生存につき参内」について打ち合わせるべく宮内省に赴いた。

そこで参内について、閣僚の間で意見の対立があった。総理は叛乱軍に狙われているのだから、もし宮中に入ってきて、叛乱軍の銃口が迫るようになっては危険だという者もいるし、これだけの大事件を引き起こした責任が総理にあるのだから、そのまま隠退して、陛下に対してひたすら謹慎の意を表すべきであるという者もいた。その論を持っていたのは後藤文夫内務大臣が中心であったが、内田信也、小原直、川崎卓吉、町田忠治といった閣僚たちは、これと意見を異にし、総理大臣が生きていたなら即刻参内しなければならないと主張していた。そういった状態であるから、明日のことにしようと、岡田総理に電話をし、一日待つことにしたのであった。

迫水秘書官は、夜遅く岡田私邸に戻った。

みな沈痛な面持ちで柩の部屋にいた。遺体が松尾のものであることを知っている人はごくわずかだ。松尾の妻稔穂は、最初から自分の夫の安否について一言も尋ねなかった。迫水としては、これ以上事実を隠しておくことはあまりに残酷だと、せっぱ詰まった気持ちになった。

二十八日午前三時頃、親族十人を奥の四畳半の部屋に集め、「この家に安置されている遺骸は、実は岡田啓介でなく松尾伝蔵である」という事実と、いきさつを細かく話した。皆驚き、松尾の子供たちは一瞬息を飲んだ。しかし、妻稔穂は狼狽《うろた》えることなく、次のように静かに言った。

「久常さん（迫水）がおられるので、よいようにして下さると思っていました。うちの主人のことを何もお話しにならないから、自分は何か深い事情があるんじゃないか、あるいは、あなたが私に話のできないようなことに松尾がなったのではないかと思って心配もしていたけれども、今の話で本当に安心いたしました。主人もおそらく喜んで死んだことでしょう。主人もお役に立ったとすれば、結構なことです」と、涙ひとつこぼさなかった。

迫水秘書官はそれを聞いて、真実を告げるまでの長い間、彼女が一言も聞かないでおられたことや、安心しましたと言ったことも、やはり福井藩士という武家の娘でなければできないことであり、武士の妻たるべきものの手本だと感嘆した。

ただ、貞寛が明け方手洗いに立ったとき、ひとり柩の前で泣き伏している叔母稔穂の姿を垣間見たので、貞寛は自分の寝床に戻ると、こらえきれずに泣いてしまったという。

翌二十八日、迫水秘書官はまた宮内省に行き、閣僚に会ったが、後藤内相の姿勢は前日と同じである。吉田調査局長官が佐々木邸に来て、「参内は思い止まったほうがよろしいでしょう。辞表をお取り次ぎ致します」というので、総理は不本意ながらとりあえず辞表をしたためて吉田長官に託した。そして総理は迫水秘書官を電話で呼び出し、「今日の夕刻までに参内できないのであれば、もはや自分としては参内してお詫びを言上することすら叶わぬ。とあれば、せっかく脱出して来たことも無意味になる。それは耐え難いことだ。重大な判断をしなければならない」と言った。それを受け迫水秘書官は、町田忠治商工大臣に会い、「総理がどうしても参内したいと言っていますから、呼びますよ」と相談したところ、「それがよかろう」と同意してくれた。岡田総理は、折り返し迫水秘書官から「いらして下さい」との知らせを受けたので、閣僚の中の反対を押し切って参内することに決め、身支度を整えた。

その間に迫水秘書官は、総理参内に伴う護衛について打ち合わせしようと行動した。警視庁が軍隊に占拠されたため、神田錦町の警察署が臨時の警視庁になっているので、そこに行き、小栗一雄警視総監に会い、依頼したところ、「この事態ではとても責任は持てない。むしろ憲兵隊に頼まれた方がよいと思う」と言われた。そこで、憲兵司令官岩佐録郎中将（その頃中気を病み、半身不随で床についていたが）を訪ねて懇願したところ、「一死をもって護衛の任に当たります」と引き受けてもらった。

それから迫水秘書官は宮内省に引き返し、廣幡忠隆侍従次長のところに行って、「総理は、只今参内致します」と通告した。「それは結構だ」と言われたが、その直後に本庄繁侍従武官長が来て、「総理は生きていて参内されるという話があるが本当か」と聞いた。「その通りです」と答えたところ、本庄侍従武官長は立ち去った。まもなく廣幡侍従次長から呼ばれ、「侍従武官室の意見では、総理の参内は見合わせてもらいたいと言っている」と言われた。迫水秘書官は、すぐ連絡すればまだ間に合うと思ったが、とっさに、「いや、もう車はこちらに向かっています。おっつけ到着するところですよ」と答えると、廣幡侍従次長は、「ああ、それならしょうがないね」と、にやにや笑った。きっとお見通しだったのだろう。

やがて病身の岩佐祿郎憲兵司令官は、「今日は身をもってお伴いたします」と同行、彼を助手席に乗せ、「憲兵司令官」と墨痕《ぼくこん》鮮やかに書かれた星のマークのついた車に岡田総理を乗せ、竹橋のところにある御門から宮中に入った。午後六時、宮内省に無事到着した。それを内田信也鉄道相と高橋邦夫秘書官、白根竹介内閣書記官長、そしてもちろん迫水秘書官が出迎えた。

白根内閣書記官長などは総理の手をとって泣き出す始末であった。岡田総理は、岩佐司令官に礼を言った後、迫水秘書官を連れて閣僚のいる部屋へ行き、皆に挨拶をした。

次いで天皇陛下の御都合を伺ってから、御殿の方に向かい、千種の間や豊明殿の前の廊下を通って、御学問所に参った。

ようやく午後七時三十分、天皇陛下に拝謁賜ったのである。

岡田総理は、「このたびの不祥事を引き起こしましたことは、誠に恐懼《きょうく》に耐えません」とお詫び申し上げた。天皇陛下は『無事であったことは大変よかった。くれぐれも体を大切にするように』と仰った。さらに『何分の沙汰があるまで政務をみるように』と仰せになった。陛下のお喜びの御様子と何のお叱りもない有難さに、岡田総理は、ただ感激して涙が止めどもなく流れた。「これから謹慎致します」と言上して、御前を退下した。

『昭和天皇実録』には、「内閣総理大臣岡田啓介に謁を賜い、今次事件につきお詫びの言上並びに辞職の懇請を受けられる。これに対し、時局重大の折柄職務に励精すべき旨の御言葉を述べられる。続けて岡田より謹慎したい旨の言上を受けられる。これに対し、お許しの御言葉を返されず職務続行の御希望を示される」「九時四十分、内務大臣後藤文夫の内閣総理大臣臨時代理を免じられる件につき、御裁可になる」と記録されている。

総理が御前を退下してまもなく、廣幡侍従次長は迫水秘書官を呼んで、「陛下は『岡田は大変恐縮して興奮しているから、周囲の者がよく注意して考え違いなことをさせないように、また事件の鎮まるまで宮中に留まるように』と特に仰せられたので、十分注意するように」と言った。更に付け加えて、「私はその時陛下に、心ききたる婿の迫水がついておりますからよく申し付けます、と申し上げておいたから、君は責任を持たなければいけないよ」と言った。そういう特別な御配慮で、岡田総理は二十八、二十九の両日、宮内省三階の仮設ベットで寝た。

この天皇陛下と同じことを元老西園寺公望公爵が心配した。西園寺公はすぐ秘書の原田熊雄を呼び、「岡田が腹を切ってはいかん。下手をすると岡田は腹を切るかも知れんが、腹を切らせてはいかぬ。この場合腹を切ると負けになる。暴力を行ったものが勝ちということになる。岡田が責任をとるには外に方法がある。ひとつ止めてくれ」と言い、しかも止め役には、「岡田の家は福井藩の郡奉行の家だから、主君の命令ならば必ず聴く」と知っていて、旧越前藩主の松平康昌《やすまさ》侯爵が適任だと言った。そこで、原田は松平侯爵に電話して、この役を頼んだ。松平侯爵も心配していたので、「それじゃ止めに行こう」いって出掛けたのである。

松平侯爵が「御機嫌よう、御元気ですか」と言ったところ、岡田総理は明るい声で、「いろいろなことを考えましたが、もう大丈夫です。ご安心下さい」と言われた。松平侯爵は「御元気なことは結構ですから何もいうことはありません。私が来たのは貴方の御元気なことを個人的にも見たかったが、こういう意味があるのです……」と言いかけると「ああ、もういろいろ考えましたが大丈夫です。ご安心を」と同じ繰り返しの返事である。何故来たか判っているとみて、「そうですか、何にしてもようございましたな、とにかく、御元気でやって下さい」といって帰ったのである。

また、廣幡侍従次長が、岡田総理が参内することを申し上げた折、天皇陛下は、『途中に危険なきように参内せしめよ』と仰せられた。

二十九日午後二時三十分、戒厳司令部は、叛乱軍の鎮定を発表した。

午後四時五十分、内閣は岡田啓介内閣総理大臣の生存を発表した。

「今回の事件に関し、岡田首相は官邸において殉難せられたものと伝えられ、まことに痛惜に堪えぬ次第であったが、図らずも今日まで首相と信ぜられていた殉難者は、義弟の松尾伝蔵大佐であった。首相は安全で生存せられていたことが判明した」

午後五時、岡田私邸では、重大発表がありますからと玄関近くに集まってもらった。やがて、迫水久常は巻紙を取り出して読み上げた。


岡田内閣総理大臣は、今回の事件に際して奇蹟的に身を以て難を免れ無事でありました。今日まで、首相と信じて居た遭難者は意外にも義弟松尾伝蔵氏あったことが判明し、従って一昨二十七日に首相の遺骸として引き取って参りました死体は松尾氏の遺骸であることが確認致されました。皆様に対し多大の御心配御迷惑を相まことは誠に申訳ない次第で御座居ます。松尾氏は畢竟《ひっきょう》首相の身代わりとなった結果となったのでありまして誠に痛惜に堪えませぬ。それで今日以後は改めて松尾大佐の葬儀準備に取り掛かる事と致します。

松尾氏は当時首相秘書官として居住を共にして居たのであります。

昭和十一年二月二十九日午後五時　岡田家

6. 生きていた岡田首相

「え、この棺の中の遺骸は松尾大佐?」

誰もが信じ難い表情で顔を見合わせるといった、何とも言えない雰囲気の瞬間であった。

松尾伝蔵の東京での葬儀は、三月三日に行われた。

午前十時から角筈の岡田私邸において、近親者だけのお別れ会を開いた。

妻稔穂、次男寛二、三男修三、長女清子（のちに瀬島龍三の妻になる）、長男新一大尉は、事件の前年十二月に、歩三の中隊長から北支駐屯軍山海関の大隊副官に転勤していたため参列できず、代わって妻喜与子（迫水久常の実妹）、それに実姉、実弟などの親族だけであった。祭壇には、「誠心院寒山宗徹居士」という位牌と写真が飾られ、喪主には寛二がなり、福井の菩提寺である鎮徳寺の村上頑龍住職が導師となり読経をあげた。

正午から、葬儀が青山斎場で、憲兵の警備のもとで行われ、各大臣等からのおびただしい花輪が飾られた。岡田総理も遺族席に座り、喪主の寛二から順に焼香が行われた。告別式が終わると、遺骸は幡ヶ谷火葬場で荼毘に付され、遺骨は寛二の胸に抱かれ故郷の福井へ向かった。

福井市での告別式は、三月四日午後一時から、松尾大佐の出身校旭小学校講堂で行われて、約千人の参列者が講堂を一杯にした。また、中国に行っている長男新一に代わって出席した妻喜与子が、二歳の文夫に「おじいちゃんよ」と泣きながら言うと、小さい手で焼香し手を合わせる姿が人々の涙を誘うのであった。

午後二時から一般の人たちの弔問を受けたが、その数は続々と増え、福井新聞によると一万人余と伝えている。

その年の十一月三日、松尾伝蔵大佐の銅像が建立された。昭和十八年には銅像に「応召」がかかり献納したので石像にかわったが、これも空襲で破壊された。昭和四十年に胸像が再建され、昭和五十五年に現在の旭小学校校庭西児童入り口に移転された。

松尾伝蔵の碑には、大阪毎日新聞社が松尾大佐の壮烈なる死を讃うる歌を公募、これに当選した滝波庄太郎作詞の歌が銅板に彫られている。

神ならぬ身の誰か知るこの凶弾　意外　殪《たお》れしは君なりき　嗚呼　悲壮　松尾大佐
宰相は無事国民のこの感激　莞爾《かんじ》と笑むならめ君が魂　嗚呼　壮烈　松尾大佐
散りてこそ咲け国の精華　この誉《ほまれ》永遠《とこしえ》にうたはれん君が勳《いさおし》　嗚呼　義烈　松尾大佐

この松尾大佐が身代わりとなったことで救われた岡田啓介元総理は、海軍大将、連合艦隊司令長官、海軍大臣そして内閣総理大臣等の要職につき、二・二六事件後は重臣として国務の枢機に参画し、大東亜戦争末期においては、その識見と声望とを通じて困難な終戦工作に奔走し、日本再建の基礎を作った。昭和二十二年に宮中より「宮中杖（鳩杖）」を差し許され、昭和二十七年十月十七日、八十四歳の波瀾万丈の生涯を閉じたのであった。

7. 鈴木貫太郎侍従長襲撃

二・二六事件の他方に話を戻そう。

安藤輝三大尉率いる二百四名の歩三（歩兵第三連隊）の兵は、麴町三番町にある侍従長官舎を襲撃した。十数人の兵士に囲まれた鈴木侍従長は「こういう事をするからには何か理由があるだろう。聞かせて貰いたい」と再三問うたが、誰一人として返事する者もなく、その中で下士官らしいのが、「もう時間がありませんから撃ちます」と言ったので、堂込喜市《どうこみきいち》曹長は全員同時に撃ってはいかんと思い、兵を後退させてから、「閣下は俺が撃つ」と言ってピストルを構えた。

侍従長は「それならやむを得ません、お撃ちなさい」と言って、一間ばかりの距離に直立不動の姿勢で堂々と立った。正に修羅場である。その途端堂込曹長が「閣下、昭和維新のため、一命を頂戴いたします」と言って拳銃を二発発射、あと二発を永田曹長に撃たれ鈴木侍従長はうつぶせに倒れた。そこへ安藤大尉が部屋に入って来た。そこで堂込曹長が銃口を侍従長の喉にあてて、「指揮官殿、止《とど》めを刺しましょうか」と聞いた。すると安藤大尉は「止めは残酷だからやめろ」と命令した。

安藤大尉は、侍従長のそばに両膝をついて一礼し、傍らのたか夫人に趣旨を述べ立ち上がろうとしたので、堂込曹長が、「中隊長、止めはどうするのですか」ともう一度聞いた。安藤大尉は、侍従長にまだ脈があるのを確かめると、軍刀を一尺ぐらい抜きかけた。これを察知したたか夫人は、数人の兵に銃剣とピストルを突き付けられていたが、銃口に手を当てて、「武士の情けです。どうかそれだけはやめて下さい。鈴木はもう死にました」と落ち着いた声で堂々と言った。安藤大尉は止めを思いとどまり、「気をつけエ！　閣下に対して敬礼」と号令し、そこにいた兵隊は全部、折敷き跪いて捧げ銃をした。安藤大尉は、「起きて、引揚げ」と再び号令をかけ、部下は出て行った。

安藤大尉は、たか夫人に歩み寄り、「あなたは奥さんですか」と聞いた。「そうです」と答えると、安藤大尉は、「奥さんのことは予てお話に聞いておりました。お気の毒なことを致しました」と言った。たか夫人は、「どうしてこんなことになったのですか」と問うと、「我々は閣下に対して何の恨みはありません。ただ、我々の考えている躍進日本の将来に対して、閣下と意見を異にするが為に、やむを得ずこういうことに立ち至ったのであります」と言い、国家改造の大要と行動の理由を述べた。次にたか夫人が、「貴方はどなたですか」と言うと、容を改めて「安藤輝三」とはっきり答え、「暇がありませんからこれで引き揚げます」と言ってその場を去り、兵員を集合して引き揚げ始めた。

引き揚げの途中、女中部屋の前を通りながら、安藤大尉は、「閣下を殺した以上は自分もこれから自決する」と口外していたということを、たか夫人は女中から聞いたという。その通り、実際に安藤大尉は根拠地の山王ホテルに戻った後、拳銃で喉を撃って自殺を図ったが、急所を外れ、治療してひとまず治った。しかるのち、軍法会議の判決で死刑に処せられた。

実は、昭和九年一月に、中尉であった安藤は、日本青年協会の青木常盤常任理事の案内で、鈴木侍従長を訪ねたことがあった。安藤中尉が革新政策についていろいろと述べ、侍従長に意見を尋ねた。そこで、「軍人が政治に進出し、政権を壟断《ろうだん》するのは明治天皇の御勅諭に反する。君たちが総理は荒木（貞夫）大将でなければいかんというのは、天皇の大権を拘束することになりはしないか……」と諄々《じゅんじゅん》と諭し、三十分の面会時間が三時間に延び、昼食まで共にしたのであった。安藤中尉は、「お話を伺って胸がサッパリしました」と言って引き揚げ、帰途、青木氏に「鈴木閣下は見ると聞くとは大違いだ。西郷隆盛そっくりだ」と感動を込めて語ったという。後日、座右の銘にしたいからと、「書」を所望してきたので書いてやったという。

また安藤大尉は、「奥さんのことは聞いておりました」ということを言ったが、たか夫人という人は、実は明治三十八年五月から侍女として皇孫御殿に勤め、天皇が廸宮《みちのみや》と呼ばれていた四歳の時から、弟の秩父宮（当時は淳宮《あつのみや》）とも一緒にお世話していた。大正四年六月、鈴木貫太郎海軍次官と結婚するまで約十一年間、幼き日の天皇に仕えたのである。

安藤大尉は、歩兵第三連隊士官候補生時代に秩父宮殿下に教えられた後輩であった。そういう関係から、たか夫人のことを知っていたのであろう。

兵隊が引き揚げると、たか夫人は鈴木侍従長を抱き起こして、出血する箇所、特に頭と胸とに手を当てて血止めに務めた。それから、負傷したことを電話で侍従職に告げ、侍医の来診をお願いした。ちょうどその時、当直の侍従は黒田子爵であったので、知り合いの塩田広重博士に診察を頼んでもらった。それから間もなく、官邸が隣だった湯浅倉平宮内大臣が町村金五秘書官（終戦時は警視総監で、その後衆議院議員・北海道知事・参議院議員を務めた）と一緒に見舞いに来た。

塩田国重博士は自宅を出る時、日本医大に応急の用意を命令して、タクシーに乗って駆けつけて来た。すぐ診察、一刻の猶予もできないと、包帯がないので羽二重の反物を切って出血を止めた。塩田博士は直ぐ日本医大に行き、斎藤、末広の二人の助手とすべての道具を持って白衣を着て帰って来た。直ちにリンゲル注射を打ったが、輸血が必要であった。飯島博士が輸血を運んできた車は、非常線を張る兵士たちに何度も止められた。しかし、一ヵ月前同博士の病院で助けられた下士官がいて、近くの英国大使館前まで車に同乗してくれたので助かった。そしてレントゲンを撮り、手術して陰嚢にあった弾丸を摘出したが、心臓のすれすれを通って背中に回った弾丸の方は終生鈴木の体内に留まったのである。

このような因縁があったがゆえかどうか、安藤大尉はとにかく鈴木侍従長に止《とど》めをさし得なかった。鈴木侍従長は、すぐさまこのように治療を受け、瀕死の重傷から奇跡的に命を取り留められ、まさに九死に一生を得て、後に日本を終戦に導く内閣総理大臣になったのである。

8. 高橋是清蔵相襲撃

高橋是清大蔵大臣は、明治四十四年日本銀行総裁、大正二年山本権兵衛内閣の蔵相に就任、原敬内閣でも続投、大正十年には首相となる。昭和に入って田中義一内閣、犬養毅内閣、斎藤實《まこと》内閣、そして岡田啓介内閣と、経済混乱が起こる度ごとに請われて蔵相となり、思いきった政策の実施で見事な手腕を発揮し、日本の経済の危機を救ったが、軍事費についても極力削減を図ったため軍部と摩擦が起きていた。「ダルマさん」と誰からも親しまれた八十二歳のざっくばらんな大政治家であった。

その高橋是清大蔵大臣の襲撃を指揮した、近衛師団第三連隊第七中隊中橋基明《なかはしもとあき》中尉・砲工学校生中島莞《かん》爾《じ》少尉は、百二十名の兵を分けて、守備隊控兵を待機させ、突撃隊六十二名で赤坂表町にある高橋蔵相の私邸に乱入した。

家人を脅して案内させ、二階の部屋で寝ている蔵相を発見した。中橋中尉は、「天誅」と叫びながら布団を捲り上げ、拳銃三発を発射し絶命させる。間髪入れず中島少尉は軍刀で右胸部を刺し、肩先を斬りつけた。即死状態であった。

9. 斎藤實内大臣襲撃

歩兵第三連隊坂井直《ただし》中尉率いた百五十名の兵による斎藤實《まこと》内大臣に対する襲撃は、凄惨を極めた。七十八歳の斎藤内大臣は、岩手県庁の給仕から這い上がった苦学力行の人であり、明治、大正と日本海軍を育て、海軍大臣を八年も勤め、常に軍縮和平を旗印に辛抱強く人心を治め、軍部との摩擦を避けた人格者であった。岡田内閣の前の首相として「挙国一致内閣」を成立させ、国内外からも信望が厚く、謙虚で自分の能力を誇ることもなかった。

襲撃隊は、四谷仲町にある私邸の裏側の雨戸を打ち破り寝室に乱入し、春子夫人が手を挙げて立ちふさがり、「待って下さい」と制止したが、夫人を押しのけ、斎藤内大臣が寝台から飛び降りた途端、まず安田少尉が「国賊」と呼び拳銃を発射、続いて高橋太郎少尉らが数発発射したところ、斎藤内大臣はよろけながら部屋の片隅に寝間着のまま倒れた。それを皆で追いかけ、軽機関銃で乱射した。

夫人は、兵士を押しのけて倒れた夫の体の上に覆い被さり、「殺すなら私も一緒に殺して下さい」と絶叫して離れない。それを無理に引き離し、さらに機関銃を四十一発撃ち込み、数十箇所も斬り込むという残虐な殺し方であった。発射を防ごうと素手で飛びかかった夫人も、三発の銃弾が当たり血まみれになった。

兵たちは正門前に集結し、「天皇陛下万歳」を三唱したが、その時指揮官坂井中尉は、血糊に染まった手を誇らしげに示し、「これは悪賊斎藤の血である。皆よく見ろ」と言ったのである。

斎藤内大臣の養子斉《ひとし》の妻の弟である作家有馬頼義は、斎藤實の死体の状態を見て、『二・二六暗殺の目撃者』『二・二六事件と私』で、論より証拠と「無抵抗の者に対し、何人もの銃撃による殺戮は、これはもう大義のためというより、単なる人殺し、リンチだ」と厳しく青年将校らを非難している。

10．渡辺錠太郎教育総監襲撃

安田優《まさる》、高橋太郎両少尉に率いられた三十名の兵は、渡辺錠太郎教育総監の杉並区荻窪の私邸を襲った。裏口から侵入すると、すず夫人が襖を背に手を広げて立っていた。「あなた方は何のご用のために来たのですか。用事があるならば何故、表玄関から入らないのですか」「帝国軍人が土足で家に上がるのは、無礼でしょう。それが日本の軍隊ですか」と侵入する銃剣の前に気丈に立ちふさがった。

渡辺総監はピストルで応戦したが、機関銃で乱射され、さらに十数箇所軍刀で斬られて止《とど》めを刺された。全弾撃ち尽くしての軍人らしい壮絶な死に方であった。

11．牧野伸顕前内大臣襲撃

明治の元勲大久保利通の次男で、吉田茂元内閣総理大臣の岳父である牧野伸顕《まきののぶあき》前内大臣は、湯河原温泉伊藤屋別館に投宿していた。そこを所沢航空隊の河野《こうの》寿《ひさし》大尉率いる三名の軍人と、五名の民間人が襲撃した。

「電報、電報」と台所の戸を叩くと、護衛の皆川義孝巡査が少し戸を開けて覗き、これは大変だと慌てて引き返そうとすると、河野大尉が踏み込み拳銃を突きつけ、「牧野の寝室に案内せよ」と言った。皆川巡査は止むを得ず、うまい具合にいないところに案内したところ、「いないじゃないか」と咎められるが、皆川巡査は部屋の隅にある自分のベットに近寄って拳銃を手に取り、いきなり撃った。河野大尉の胸に命中し、同時に間髪をいれず河野大尉が撃った弾が皆川巡査の膝に当たった。皆川巡査は倒れながら応戦し、宮田晃予備役曹長の首に当たり重傷を与えた。皆川巡査は死亡したが、胸を撃たれた河野大尉も次第に弱って行動の自由を失っていった。代わりに指揮に当たった民間人の水上源一が、牧野元内府をいぶり出そうと思ったのか、勝手口にあった炭の空俵に火をつけた。火は瞬く間に燃え広がった。燃え盛る中から、牧野元内府は、妻と孫娘(吉田茂の娘和子＝麻生太郎氏の母)、そして女中と看護婦と一緒に間一髪外に逃げ出したところを、見つかり、黒沢鶴一一等兵が「天誅！」と叫んで拳銃を撃った。弾は看護婦の手首に当たったが、牧野内府は何とか逃げ延びたのである。

河野大尉は、熱海の陸軍病院で胸部盲貫銃創の手術を受けたが、三月六日、親族の差し入れた果物ナイフで自殺した。

12. 陸相官邸を占拠した丹生誠忠中尉

陸軍大臣官邸を百五十名の部隊を率いて占拠した指揮官は、歩兵第一連隊の丹生誠忠《よしただ》中尉であり、迫水秘書官とは従兄弟である。その関係をいうと、大久保利貞陸軍中将の長女うた子が迫水の母で、次女廣子が丹生の母という、二人の母が姉妹関係であった。なお、岡田総理の後妻は迫水の父の実妹で、岡田総理の次女が迫水の妻である。

丹生の父猛彦は、鹿児島生まれ、海軍兵学校出身の謹厳実直な海軍大佐で、岡田総理と親しかった。誠忠は陸軍士官学校四十三期で、栗原安秀中尉らと親しくなり、北一輝の「日本改造法案大綱」を愛読し、西田税などの影響も受け、革新思想にのめり込んでいった。心配した父は度々母親を東京にやり、栗原たちと付き合わないように強く窘《たしな》めていたのだが、結局叛乱将校らと行動を共にしたのである。事件の日も母は、東京にいた。急進的な叛乱軍の中に我が子がいたことを知ったとき、母の悲しみはいかばかりであったろうか。

岡田総理、迫水秘書官としては、親譲りの性質よい立派な青年が、まさか叛乱軍の指揮官になっていようとは夢想だにしなかった。

その年の正月、丹生中尉は、迫水秘書官の官舎に年始の挨拶に来た。「兄さん、兄さん」と言い、「官邸におじさん（岡田総理）がいらっしゃるならお目にかかって帰りたい」と言うので、官邸の方に行って総理に会わせた。そのあと官邸を見たいというので、官邸の人が案内して、総理の居住する日本間から総理の事務室のある本館への通路（官邸本館は閉めていた）などを見て回ったことは事実である。

事件後、これは彼が官邸の中を偵察に来たのではないかといわれたが、その時はもちろん想像もしていなかった。迫水秘書官は、「あの時丹生がスパイしに来たとは、またスパイされたとも思わない」と言っていた。

実際、事件当日の丹生中尉は、さすがに首相官邸を避けて陸軍省や陸軍大臣官邸を担当したことに、彼の心持ちを察することができ、せめてもの救いであった。

叛乱を起こした日の午後、迫水秘書官が宮内省に行っている時、丹生は秘書官官舎に電話をかけて来て、万亀夫人に「姉さんずいぶん驚いたでしょう。しかし、これ以上何も起こりませんから安心して下さい。お父さんには、本当に申し訳ないと思っています」と言ってきた。万亀夫人が「あなた今どこにいるの」と聞くと「陸軍省」と言う。その頃は、まさか丹生が叛乱軍の一味とは思いもよらないし、陸軍省が占拠されていることも想像さえし得なかったので、こちらの味方と思い、「早く官邸を占領している兵隊たちを追っ払ってほしい、私たちはどうにもならない」と訴えた。丹生は「久常さんやあなたや伯母さんには何ら危害を加えることはないから大丈夫ですよ」と言って電話が切れた。

この時のことを万亀夫人は、「あの時もし、私が『お父さんは生きていらっしゃるのだから、何とか助け出してよ』と言っていたら、どうなっていたかと思うだけでもぞっとしてしまう」と言っていた。なにしろ相手は近い親戚であるし、味方とばかり思っている時なのだから、むしろ言わなかったことの方が不思議であった。

二月二十八日、岡田総理が天皇陛下に拝謁した夜遅く、総理は「丹生が叛乱軍の中にいるんだな」と問うので、迫水秘書官は「どうも申し訳ないことです」と答えると、「懲戒免官が発令されてしまっては仕方ないな」と哀しげに言った。

七月、大蔵省に戻っていた迫水久常に丹生から是非会いたいと連絡あったので、死刑執行の前日、代々木の陸軍刑務所に面会に行った。丹生は「岡田のおじさんが生きておられたことをずっと後で聞いて、ホッとしました。冥途への道の障りが一つ減った感じです。どうぞ長生きしてくださるよう伝えてください」と言った。また、丹生の頼みで、栗原中尉にも会った。「迫水秘書官、私はあなたに本当に見事にだまされました。このことをあなたに申し上げたいと思っていました。はじめ（岡田）総理生存のことを聞いたときには、あなたのことを思い出して或る感じを禁じ得ませんでしたが、今では罪が一つでも少なかったことを喜んでいます」と言った。このような迫水と丹生、栗原との面会の情景は、怨念を越えた人としての心の発露であり、情感の機微のこもった感慨深い一コマであった。

13. 稀にみる殺戮劇の惨虐性

上記のように要人襲撃は、どれ一つとってもは目を覆うばかりの残虐性を極めたが、この二・二六事件の殺戮について、第一師団参謀長舞伝男《まいでんお》大佐は、「叛乱将校の態度は武士道に反し指弾すべきもの多くあるのを遺憾とする。大官を暗殺するに機関銃数十発を射撃して殺し、血の気なくなりたる後に更に斬撃を加えたるものの如き……」と、行動の無統制と残虐性を非難している。

事実、斎藤内大臣には、機銃掃射で四十一発撃ち込んだあと、数十箇所も斬り込んでいた。

渡辺教育総監に対しては、機関銃で乱射された十四箇所の銃創のうえに、後頭部を軍刀で三箇所斬られたのである。

高橋大蔵大臣も、拳銃で三発撃たれ即死、更に軍刀で右胸部と肩先に五箇所の切創を受けた。松尾大佐も、機関銃で撃たれ十五、六の弾丸が身体中に入っており、顎や胸は銃剣で十数箇所抉られていた。また、牧野前内大臣への襲撃では、放火までして伊藤屋別館を全焼させているのである。

無論、革命やクーデターに暴力は付きものであり、乱入乱戦の修羅場においては、興奮と殺気が漲り、将校も下士官も我先にと一銃一刀で、相手を倒そうという心理が働いていたとはいえ、必要以上の加害は、如何なる大義があろうと、やはり狂気に囚われ暴徒化したことを如実に物語っている。

彼らが帝国軍人であるならば、どうして「武士道」をわきまえなかったのか。その非情な行為は、標榜した「昭和維新」の汚点と言わざるを得ない。

そういう中にあって、鈴木侍従長を襲撃した安藤輝三大尉を指揮官とする一隊は、唯一の救いであった。鈴木侍従長を十数人で取り囲み押し問答していたが、下士官が「時間がありませんから撃ちます」と言った時、堂込曹長は全員同時に撃つべきではないと思い、兵を後退させてから、「閣下は俺が撃つ」と言ってピストルを構えところ、鈴木侍従長が、「それなら撃ちなさい」と言ったので、「閣下、昭和維新のため、一命を頂戴致します」と二発発射、あと二発を永田曹長に撃たれ倒れた鈴木侍従長に対し、堂込曹長が銃口を喉に当てていた時、ちょうど安藤大尉が部屋にやって来た。「指揮官殿、止《とど》めを刺しましょうか」と聞かれた時、「止めは残酷だからやめろ」と指示した。そして、たか夫人から「武士の情けです。どうかそれだけは止めてください」と懇願されたことを受け、安藤大尉は止めを思いとどまった。

安藤大尉は、「気を付けぇ！　閣下に対して敬礼」と号令し、そこにいた兵隊は全員跪き捧げ銃をして引き揚げて行ったのである。安藤大尉の心嬉々たる指揮ぶりは見事であった。

14. 日本女性の誉れ

この二・二六事件において、総理をはじめ閣僚、重臣が次々に襲撃されたが、その際その場に居合わせた女性たちの堂々たる態度と機転の効いた行動については、先程紹介した通りである。

首相官邸の女中秋本作と府川絹の二人は、岡田総理を女中部屋の押し入れに匿《かくま》った。押し入れの二枚の襖をそれぞれ背にし、迫水秘書官が「怪我はなかったか?」と聞いたのに対し、秋本作は「はい、お怪我はございません」と、日本人は普通自分のことに「お」の字をつけないので、その答えで「総理はご無事です」と暗に知らせ、迫水秘書官は万事呑み込んだのであった。兵隊が「官邸には女はお前たちだけだ、もう帰れ」と促したのに対し、「総理の死体がある間はここに居れと、福田秘書官に堅く申し付けられていますから帰ることはできません」と拒み、押し入れの襖を開けられ見つかった時にも、「私たちの父親でございまして、昨日私のところに参りましたが、事件が起こったのでここに隠れてもらったのです」と言った。福田秘書官と示し合わせて、総理の食事をはじめいろいろと気を配り、総理の尿を空き瓶に入れて処理するなど配慮し、それに憲兵の協力もあって「運」も良かったのか、その奇跡的な救出への手助けをしたのである。

鈴木貫太郎侍従長のたか夫人は、夫の鈴木侍従長が四発の銃弾を受けて倒れ、瀕死になった時、堂込曹長が「止《とど》めを!」と侍従長の喉に銃口に当てているのを目の当たりにした。安藤大尉が軍刀を一尺ぐらい抜きかけたことを察知した夫人は、自分も数人の兵に銃剣を突き付けられているのに拘わらず、素早く銃口に手を当て、「武士の情けです。どうかそれだけは止めて下さい。鈴木はもう死にました」と取り乱すこともなく落ち着いた声で堂々と申したのである。それに気後れしたのか、武士道精神を心得ていたのか、安藤大尉は止めを思いとどまった。前述のように、たか夫人は皇孫御殿の女官として、天皇が廸宮と呼ばれていた四歳の時から、弟の秩父宮（当時は淳宮）と一緒に十一年間お世話していた。その時は幼少の天皇を守り、今度は夫の貫太郎侍従長を守った。実にあっぱれである。為に、鈴木侍従長は奇跡的に助かり、後に日本を終戦に導く首相になったのである。

斎藤實内大臣の春子夫人は、乱入して来た兵士の前に「待って下さい」と立ちふさがったが、押しのけられ、内大臣は拳銃で撃たれて倒れた。その上軽機関銃で乱射されたので、春子夫人は発射を防ごうと兵士に素手で飛びかかった。夫人も三発の銃弾が当たり血まみれになりながらも、倒れた夫の体の上に覆い被さり、「殺すなら私も一緒に殺して下さい」と絶叫して離れなかった。それを無理やり引き離して、更に機関銃で四十一発撃ち込み、数十箇所も斬りこむといった残虐極まる殺し方であった。

渡辺錠太郎教育総監のすず夫人は、兵士が裏口から侵入して来た時、襖を背に手を広げて立ちふさがった。「あなた方は何のご用のために来たのですか。用事があるならば何故、表玄関から入らないのですか」「帝国軍人が土足で家に上がるのは、無礼でしょう。それが日本の軍隊ですか」と銃剣を突き付けられながらも、気丈に立ち向かった。しかし、押しのけられて渡辺総監は機関銃で乱射され、更に十数箇所軍刀で斬られたのであった。

このように、それぞれの女性たちの毅然たる態度と勇気ある行動に対し、迫水久常先生は「日本女性の誉れ」と賞賛され、「今の時代、最愛の人を、身を挺して守れる女性がいるだろうか。いや男性ですらいないだろう。特に政治家においても、国のため命を賭ける人がいるだろうか」と語っていた。

15. 天皇陛下の断固討伐の怒り

この二・二六事件に対する天皇陛下の態度は、「陛下は速やかに事件を鎮定すべく御沙汰あらせられる」と「昭和天皇実録」や「本庄日記」にあるように、はじめから「暴徒」と呼び、「あれは叛乱軍であるから討伐せよ」と、断固として即時討伐を最後まで押し通された。

「事件の早期終息を以て禍を転じて福となすべき」旨のお言葉を、駈けつけた本庄繁侍従武官長に述べられ、「以後、頻繁に武官長をお召しになり、事件の成り行きを御下問になり、事件鎮圧の督促を行われる。御各子までの間、武官長の拝謁は十四回に及ぶ」と記されている。

海軍軍令総長伏見宮博恭《ひろやす》王が、この朝、真崎大将、加藤大将に吹きこまれた「速やかな組閣と戒厳令の回避」を天皇陛下に言上したが、すげなく追い返された。天皇陛下の叛乱軍鎮圧の強い大御心を知り、午前十時には海軍省に幹部を集め、陛下の御意志を伝えるとともに、海軍の強硬方針を打ち出した。海軍は、この事件で大先輩の鈴木貫太郎、斎藤實、岡田啓介（当初殺されたと信じられていた）ら二人の大将を殺されたので、その憤激は大きく、初めから鎮圧説に固まっていた。

海軍は、直ちに陸戦隊を芝浦に上陸させ、海軍省の警備に就かせた。次いで十二時頃には、土佐沖で演習中の連合艦隊に電報を入れ、第一艦隊を東京湾に集結させた。旗艦長門以下四十隻の軍艦は、二十七日午後には早くもお台場沖に着き、永田町・霞ヶ関に向かって艦砲射撃を浴びせる態勢に入った。同時に野砲や機関銃を備えた陸戦隊も上陸させたのである。

次いで、二十六日午前九時、天皇陛下に拝謁された川島陸軍大臣は、叛乱軍の「決起趣意書」を読み上げ、情況を説明した後、「こういう大事件が起こったのも、現内閣の施政が民意にそわないものが多いからと思います。国体を明徴にし、国民生活を安定させ、国防の充実を図るような施策を強く実施する内閣を早く作らねばならぬと存じます」と述べたのに対し、天皇陛下は、『陸軍大臣はそういうことまで言わないでもよかろう。それより叛乱軍を速やかに鎮定する方法を講じるのが先決要件ではないか』と仰せられ、『今回のことは、精神の如何を問わず甚だ不本意なり。国体の精華を傷つくものと認む』と激しく怒った。

しかし天皇陛下のこのような叡慮は、軍首脳部に直ちには受け入れられなかった。

午後二時過ぎ、全ての軍事参議官（朝香宮、東久邇宮の皇族も軍事参議官として出席）、それに杉山参謀本部次長、本庄侍従武官長、香椎東京警備司令官、山下軍事調査部長、村上軍事課長も出席し、非公式の軍事参議官会議が宮中東溜の間で開かれた。この軍事参議官召集は、山下軍事調査部長の献策によるものであった。

だが、軍事参議官は、軍に対して直接指図できない。杉山参謀次長と石原作戦課長は、軍事参議官が事件対策を練ることは軍統帥が妨害を受けることになると疑問を持ち、杉山次長は川島陸軍大臣に向かって「軍事参議官は陛下の御諮詢あって始めて御奉答申し上げるべき性質のものであるのに、いろいろと干渉せられては困る。事態の収拾は責任者たる三長官において処断すべきものなるがどうか」と彼らを前にして言い放った。川島大臣はお説の通りと同意をしたが、これを聞いた荒木大将は「もとより軍事参議官において三長官の業務遂行を妨害せんとする意思は毫《ごう》もない。ただ、軍の長老として道徳上この重大事を座視するに忍びず、奉公の誠を致そうとするものだ」と応酬した。

そういう中で開かれた軍事参議官会議は、主として皇道派の荒木、真崎両大将がリードして、その意見が通り、叛乱軍説得のための文案として「申合書」ができたが、権限がない軍事参議官がやってはおかしいのではないかという意見が出たので、川島陸軍大臣の承諾を得て、それを箇条書きにし、『陸軍大臣告示』として出したのである。しかしそれは、「速やかに叛徒を討伐せよ」という天皇の意に全く反するものであった。

① 蹶起の趣旨に就いては天聴に達せられあり
② 諸子の真意は国体顕現の至情に基づくものと認む
③ 国体の真姿顕現の現況（弊風をも含む）に就いては恐懼に堪えず
④ 各軍事参議官も一致して右の趣旨に依り邁進することを申合せたり
⑤ 之以外は一つに大御心に俟《ま》つ

但し、各軍への下達においては、「諸子の真意」でなく「諸子の行動」とすり替えていることがわかり、問題となったが、あくまで正文としては「諸子の真意」であった。

また、『昭和天皇実録』では、二十七日の「夕刻、叛乱軍の要望に基づき、陸軍大臣官邸において、軍事参議官である真崎甚三郎・阿部信行・西義一らが首謀者代表の陸軍歩兵大尉野中四郎以下十八名と会見する」と記されている。これらが重なり、叛乱軍を勇気づけ、解決を一層長引かせた。

このため天皇は苛立ち通しであった。『昭和天皇実録』には、後藤文夫首相臨時代理を宮中に呼ぶと、「速やかに暴徒を鎮圧せよ。秩序回復まで職務に励精すべし」と命じている。

二十七日午前二時五十分には東京全市（いまの東京二十三区にあたる）に戒厳令が公布され、戒厳司令官には東京警備司令官の香椎浩平中将が任命された。戦車等重装備の鎮圧軍は、霞が関一帯を包囲し、約二万四千人が戦闘態勢に入った。

本庄繁侍従武官長は人も知る皇道派であるが、その娘婿の歩兵第一連隊第七中隊長山口一太郎大尉（父は第十六師団長を務めた陸軍中将）は、この事件に深く関係し、無期禁錮の判決を受けている。

本庄繁侍従武官長が、「この将校の行為は、陛下の軍隊を勝手に動かせしものにして、統帥権を犯すの甚だしきものにして、もとより許すべからざるものなるも、その精神に至りては、君国を思うに出でたるものにして、必ずしも咎むべきにあらず」と言うと、天皇陛下は『朕が最も信頼せる老臣を悉く殺戮す。此の如き凶暴の将校等其精神に於いても何のすべきものありや』『陸軍は朕が頸を真綿で締めるのか』、そして『あれは叛乱軍であるから、朕自ら近衛師団を率いて討伐しよう』と仰せられ、この日も拝謁は十五回に及んでいる。

二十八日午前三時頃、戒厳司令部二階の司令官室で、幕僚たちと歩一の連隊長小藤大佐、臨時の連隊副官山口大尉、企画院在勤で蹶起部隊に理解のある鈴木大佐の三人の将校が相対していた。その席で山口大尉は、「蹶起部隊は腐敗せる日本に最後の止めを刺した首相官邸を神聖なる聖地と考えて、ここを占拠しているのである。そうして、昭和維新の大業につくことを要望しておるのに、彼等を分散せしめて、聖地と信じておる場所から撤退せしむるというのは、どういうわけであろうか。昭和維新の黎明は近づいている。しかも、その功労者ともいうべき皇道絶対の蹶起部隊を、名づけて叛乱軍とは、何ということであろう。どうか、皇軍相撃つ最大の不祥事は、未然に防いで頂きたい。奉勅命令の実施は、無期延期として頂きたい」と、顔は蒼ざめ、熱い涙に濡れながら言った。

そうしたら、大きなテーブルの端の方に座っていた石原莞爾作戦課長が、突然立ち上がった。「直ちに攻撃。命令受領者集まれ」と言い残して、そのまま部屋を出た。それからドアの前で、各隊の連絡者に向かって、「軍は、本二十八日正午を期して、総攻撃を開始し、叛乱軍を全滅せんとす」と宣言し、続いて爆撃隊の出動、重砲の砲撃、地上部隊の攻撃要領等について、落ち着いた調子で、整然と戒厳命令を口達した。命令の下達を終わった石原作戦課長は、側にいた小藤大佐と満井中佐を顧みて、「奉勅命令は下ったのですぞ。御覧の通り、部隊の集結は終わり、攻撃準備は完了した。飛行機も、戦車も、重砲も参加します。降参すればよし、然らざれば殲滅する旨を、はっきりとお伝え下さい。大事な軍使の役目です、さぁ行って下さい」と言い、左右の手で両軍使の首筋をつかまえて会談の降り口の方へ押しやった。

二十八日午前五時八分、ついに「奉勅命令」が出された。「戒厳司令官は三宅坂附近を占拠しある将校以下をして速やかに現態勢を徹し各所属部隊長の隷下に復帰せしむべし」というものである。奉勅命令とは、参謀総長（時の参謀総長は閑院宮戴仁親王殿下）が、勅命を奉じて出す命令であって、すなわち、天皇陛下のご命令である。これに背くと逆賊とされるのである。

ところが、この日午前中、荒木・林両大将が戒厳司令部にやってきて、「皇軍相撃を避けよ」と申し入れた。これに対して、直言居士で有名な参謀本部作戦課長・戒厳司令部参謀の石原莞爾大佐が、「責任者でない軍事参議官は干渉すべからず」と強硬に反対し、三度退場を求め、ついに追い返した。

このように奉勅命令は出たが、その下達にさえ抵抗があり、天皇の希望通りにはいかなかった。二十八日午前五時に命令を受けた戒厳司令官香椎中将は、午前十時になっても下達せず、この土壇場において、やはり名うての皇道派として「本心の吐露」が出た。何とも凄まじい限りである。

「この機会に及びて平和解決の唯一の手段は、昭和維新断行のため御聖断を仰ぐにあり、自分は今より参内上奏せんと考える。上奏の要点は、昭和維新を断行する御内意を拝承するにあり。目下の状況においては、叛乱軍将校は、仮《たとい》逆賊の名を与えられるも奉勅命令に従わずという堅き決心を有す。奉勅命令は未だ出しあらざるも、これを出すときは、皇軍相撃は必然的に明らかなり、兵には全く罪なし。幹部の責任のみ。而《しか》してこの罪は独り将校の負うべきものにして、罪は軍法会議において問う可《べき》なり。而も将校とてもその主張する主義精神は、全く昭和維新の精神の横溢なり。深く咎むべき限りにあらず。また場合によりては、後に至り大赦を仰出されることも考えられる。元来彼等は演習名義にて出動せるものにして、他意なし。もしこれに対して兵力を使用せんか、皇居にも弾丸飛び、外国公館に損害を与え、無辜の人民に負傷させるに至らん。本来自分は彼等の行動を必ずしも否認せざるものなり。特に皇軍相撃に至らば、彼等を撤退せしむべき勅令の実行は不可能とならん」と述べた。

これに対して、杉山参謀次長は「全然不同意なり。二日間に亘り所属長官から懇切に諭示し、軍の長老も亦《また》身を屈して説得せるに拘わらず、遂にこれに聴従する所なし。もはやこれ以上は軍紀維持上よりするも許し難し。又、陛下に対し奉りこの機に及んで昭和維新断行の勅語を賜うべくお願いするは恐懼《きょうく》に堪えず。統帥部としては断じて不同意なり。奉勅命令に示されたる通り兵力にて討伐せよ」と強く叱責した。

そこで香椎司令官は、数分、苦痛に満ち沈思したのち、「決心変更、討伐を断行せん」と、前言を撤回したのである。

しかし、そうであっても荒木、林、植田などの軍事参議官は入れ代わり立ち代わり、杉山次長に圧力をかけた。堀第一師団長も「奉勅命令は下達の時期にあらず、お前達は小藤部隊として現位置にあればよい」と言い、山下奉文調査部長ら幕僚も奉勅命令が出されたことを十分承知していながら、「もし奉勅命令が下ったらどうするか」と叛乱軍に打診したりしている。

歩兵第一連隊長小藤大佐は、結局奉勅命令を下達しなかった。ゆえに叛乱軍の将校らは、後日の取調べでも、遺書にも、「奉勅命令は下達されあらず」と全員繰り返して述べ、自分らは大命に抗したのではないと主張しているのだ。

午後一時、川島陸軍大臣と山下奉文少将が参内、本庄侍従武官長に面会し、「決起将校一同は陸軍大臣官邸にあって、自決して罪を謝し、下士官兵は原隊に復帰することになった。ついては将校達の心情を察し、勅使を賜り、死出の旅立ちの光栄を与えていただきたい」と上奏を依頼した。

このことについて『本庄日記』では、「私（本庄）はこのようなことはおそらく不可能だろうとためらったが、ともかく伝奏しなければと思い、奏上したところ、陛下は非常なご不満のご様子にて『自殺するなら勝手にするがよい。このようなごとき者に勅使などもってのほかだ』と仰せられ、また、堀丈夫第一師団長が『部下の兵を以て部下の兵を討ち難い』と発言していることに対し、『師団長が積極的に出られないというのは、この大事件に関して自らの責任を理解していないからだ』と、私が今までに拝したことがないお怒りのご様子で厳しくお咎めになられ、直ちに鎮定すべしと厳達するよう、強く仰せられた」とある。

天皇陛下にしてみれば、叛乱将校の心情がどうであれ、重臣を殺戮され、軍隊を私意で動かし、国内に大混乱に陥れた将校に対する怒りは激しかった。

16．勅命下る・兵に告ぐ

二十八日頃から叛乱軍の内部は、敗色濃厚で、兵たちの動揺は隠すべくもなく脱走する者も出始めた。崖から飛び降り、雪の中転がり込む者、上等兵を長とする分隊単位で脱走するものもあったのである。

また、二十名の将校のうち、十三名が「勅命があれば、兵を帰す」と一札も入れたのであった。

それでも、二十九日未明から、叛乱軍は死戦の覚悟を固めた。「幸楽」の安藤部隊は丹生部隊と合流し、山王ホテルに立て籠もり、機関銃隊を玄関と屋上に配置させ決戦の構えを示した。栗原部隊は首相官邸にいて、坂井部隊と清原部隊は参謀本部と陸軍省の一部、常盤部隊は平河町一帯に布陣した。さらに野中部隊は新議事堂に立て籠もり、それぞれ最後の戦闘に備えたのである。

二十九日の早朝、ついに重装備の鎮圧軍は、戦車を先頭に、轟音を響かせながらじりじりと進み、二万四千人で霞ヶ関一帯を包囲した。

戒厳司令部は、すでに「二十九日午前五時半から八時までの間に、戦闘予想地域内の住民は避難せよ」と避難命令を出していた。午前九時を期して攻撃開始予定をも伝えていた。

遂に奉勅命令が出るに至った。これに背くと逆賊とされるので、蹶起将校の中において、対応の違いが浮き彫りになってきた。

湯河原で牧野元内府襲撃で負傷した河野寿大尉は、東京の同志が大命に抗した逆徒とされつつも、なお自決せず収監されたことを知り、次のような「同志に告ぐる」とした遺書を認《したた》めた。

「尊皇憂国の同志心ならずも大命に抗せし逆徒と化す、何《いづく》んぞ生きて公判廷に於て世論を喚起し得べき。若《も》し世論喚起されなば却て逆徒に荷担するの輩となり不敬を来さん。既に逆徒となりし以上、自決を以て罪を闕下《けっか》に謝し奉り遺書に依りて世論を喚起するを最良なる尽忠報国の道とせん。寿自決す、諸賢再考せられよ」

しかも陸軍大臣に宛て、「別紙遺書を東京衛戍刑務所の同志に示され、更に同志の再考を促され度《た》し、尚在監不自由の事故特に武士的待遇を以て自決の為の余裕と資材を附与せられ度く伏して嘆願す」との上申書まで書き添えていた。さすがは、天皇絶対主義者の河野寿の面目躍如といったところであり、入院中の東京第一衛戍病院熱海分院で三月六日に自決したのである。

他方、磯部浅一は獄中日記に、「真忠大義大節の士は奉勅命令に抗すべきであることを断じて言う。二月革命（二・二六事件）の日断然、奉勅命令に抗して決戦死闘せざりし吾人は、後世大忠大義義士に嗤《わら》わるることを覚悟せねばならぬ」と書いている。

そういう状況にあって、陸軍省新聞班の大久保弘一少佐は、兵隊たちは何も知らずに上官の命令に従っているだけなのだから、自分たちの過ちを知れば必ず帰順すると信じ、将軍たちに掛け合って攻撃を延期してもらい、朝日新聞の協力を得て、早朝までに三万枚のビラを作り、飛行機で空から撒くことを依頼した。飛行機は午前八時に飛び立ち、三宅坂上空からビラは撒かれたのであった。

下士官兵ニ告グ
一、今カラデモ遅クナイカラ原隊へ帰レ
二、抵抗スル者ハ全部逆賊デアルカラ射殺スル
三、オ前達ノ父母兄弟ハ国賊トナルノデ皆泣イテオルゾ
二月二十九日　　戒厳司令部

また大久保少佐は、手元にあった便箋に放送原稿を書き、戒厳司令部の放送室からラジオで放送した。最初は大久保少佐がマイクを持ったが、涙が出て原稿が読めない。そこで中村茂アナウンサーに代わっ

た。これが有名な「兵に告ぐ」という声涙ともにくだる帰順呼びかけであった。

「兵に告ぐ。勅命が発せられたのである。既に天皇陛下の御命令が発せられたのである。お前達は上官の命令を正しいものと信じて絶対服従して、誠心誠意活動して来たのであろうが、既に天皇陛下の御命令によって、お前達は皆原隊に復帰せよと仰せられたのである。此上お前達が飽くまで抵抗したならば、それは勅命に反抗することとなり、逆賊とならなければならない。正しいことをしていると信じていたのに、それが間違って居たと知ったならば、徒《いたず》らに今迄の行きがかりや義理上からいつまでも反抗的態度をとって天皇陛下にそむき奉り、逆賊としての汚名を永久に受けるようなことがあってはならない。今からでも決して遅くないから、直ちに抵抗をやめて軍旗の下に復帰するようにせよ、そうしたら今までの罪もゆるされるのである。お前達の父兄は勿論のこと、国民全体もそれを心から祈っているのである。速やかに現在の位置を棄てて帰って来い」

二十九日朝には、「勅命下る、軍旗に手向ふな」のアドバルーンが日比谷の飛行会館から揚がった。午前九時半、警視庁占拠の叛乱軍の帰順から始まり、将校や兵の投降も次々に続いた。

磯部浅一は、遺書の「行動記」に次のように書いている。

首相官邸に至り栗原に情況を尋ねる。彼は余の発言に先立って、「奉勅命令が下った様ですね。どうしたらいいでしょうかね、下士官兵は一緒に死ぬとはいっているのですが、可哀想でしてね、どうせ、こんなに十重二十重に包囲されては、戦をした所で勝ち目はないでしょう。下士官以下を帰隊させてはどうでしょう。そしたら我々が死んでも残された下士官兵によって、第二革命ができるのではないでしょうか。其れに実を言うと、中橋部隊の兵が逃げ帰ってしまったのです。この上他の部隊からも逃走するものが出て来たら、其れこそ革命党の恥辱ですよ」と沈痛に語る。余は平素、栗原等の実力（歩一、歩三、近衛師団歩兵、三部隊の実力）を信じていた。然るに其の実力部隊の中心人物が、情況止むなく戦闘を断念するというのだから、今更余の如き部隊を有せざるものが、むやみやたらに強硬意見を支持してみた所で致し方がないと考えた。

栗原は第一線部隊将校の意見をまとめに行く、余は一人になって考えたが、どうしても降伏する気になれぬので、部隊将校が勇を振って一戦する決心とってくれることを念願した。

余は〝もうこれで駄目かな〟と直感したが、もう一度部隊の勇を鼓舞してみようと考え文相官邸に引き返す、アア何たる痛恨事ぞ、官邸前には既に戦車が進入し、敵の将兵が来ている。然も我が部隊は戦意なく唖唖然としているではないか。

（余が栗原と連絡中に歩三の渋谷大隊長が常盤稔、鈴木金次郎両少尉及び下士官兵を説得に来た。この説得使と前後して戦車が進入する。だからまるで戦争にならない。何といっても自己の連隊の大隊長だ、其の大隊長が常盤、鈴木両少尉、下士官兵に十二分の同情を表しつつ説得するのだ。斬り合い、撃ち合いが始まる道理がない）

栗原中尉は、下士官兵全員を首相官邸の玄関前に集め、椅子の上に立ったが、しばらく立ち尽くし、何も言えなかった。見ると泣いているのだ。涙を振り払って、「今日まで、諸君は教官と生死を共にしてよく頑張ってくれた。昭和維新の達成は果たされなかったが、第二、第三の昭和維新を敢行する者がいることを信じている。諸君は連隊長の指揮下に入り、原隊に戻ってくれ。原隊に帰ってもどうか体に気をつけて、十分ご奉公するように」と、ここまで言うと再び涙にむせんだ。それは蹶起の急先鋒・栗原安秀中尉にして、正に刀折れ矢尽きた瞬間であった。

半蔵門附近を警備していた清原康平少尉は、歩三の野中中隊に小隊長として部下の初年兵を引き連れて参加していた。二十九日暁方、青山方角からスピーカーが聞こえてくる。「勅命が下った、今からでも遅くないから、原隊に帰れ」と繰り返し言っている。清原は「これは一大事」と直ぐ幸楽に飛んだが、安藤中隊はすでに山王ホテルに移っていたので、そこに行ったところ、兵隊たちが六中隊歌を歌いながら包囲軍と対峙していた。

「勅命は下ったのですか?」「いや、そんなことはない、あれは謀略だ」「包囲軍はドシドシ攻撃準備をしているようですが」「そんな心配するな、皇軍が相撃つなどということは絶対にないよ、このまま時を稼いでいるうちに維新は出来ていくのだ」「それでも兵隊はどうします」「下士官も兵も最後まで頑張るんだ」とのやり取りがあり、清原は納得のいかぬままに半蔵門の部署に戻った。そうすると九時頃、一台の戦車が走ってきた。同期の藤吉少尉が降り、「オイ勅命が下ったぞ」「本当か」「ウン、武装解除を開始したところだ、捕虜にならんよう早く原隊に帰れ」とやりとりした。

これを同期生の温情と思った清原は、直ぐに歩哨を撤して全員陣地を捨て、お濠端に集合させ、「原隊帰還の勅命が下ったようである。中隊は只今から勅命を奉じて連隊に帰還する。ついては、天皇陛下に対し奉り、至誠奉公を誓って宮城を遥拝する」と言って、着剣を命じ軍刀を抜いてラッパを手に「君が代」の吹奏を命じ、捧銃の敬礼を行った。そのあと、徒歩行進で赤坂見附を経て麻布の第三連隊営門に送り届けたのが、午前十時頃のことであった。

また、坂井直中尉はドイツ大使館前附近を警備していたが、磯部に対して憤然と、「何も言って下さるな、私は下士官兵を帰します」と言って、歩三の渋谷大隊長や荒井中尉と感激の握手をして、引き揚げていった。

このように、首謀者の意思如何に拘わらず、将校たちはそれぞれ自分の率いる兵を、さっさと帰してしまったのである。

あとに残るのは、山王ホテルに立て籠もる安藤隊だけになってしまった。

玉砕覚悟で徹底抗戦で固まっている安藤部隊のところに、村中、磯部、香田ら叛乱軍将校を始め上司や同僚が、安藤の決心を翻すよう説得に行った。うまく説得できたと思いきや、安藤大尉が自決しようとしたので、暫《ようや》くこれを押し止めていたところ、今度は中隊の下士官が安藤大尉と共に自害すると言い出し、「安藤大尉がもし自決されるなら中隊の前に来て下さい。下士官兵全員お供する用意をしております」という悲痛な場面があった。ここに安藤輝三大尉の率いる第六中隊は、最後まで闘う鉄の団結ぶりを見るのである。さらに大隊長の伊集院兼信少佐が「俺も自決する。安藤のような立派な奴を死なせねばならんのが残念だ」と言いつつ号泣する。「中隊長殿が自決なさるなら、中隊全員お伴を致しましょう」と、曹長が安藤に抱きついて泣く。「オイ前島上等兵、お前がかつて中隊長を叱ってくれた事がある。中隊長殿、いつ蹶起するのです、このままでおいたら農村はいつまでたっても救えませんと言ってねぇ。農村は救えないなぁ、俺が死んだらお前達は堂込曹長と永田曹長とを助けて、どうしても維新をやりとげよ、二人の曹長は立派な人間だ、イイカ、イイカ」「曹長、君達は僕に最後までついて来てくれた、有難う、後を頼む」と言えば、群がる兵士等が「中隊長殿、死なないで下さい」と泣き叫ぶ。

ホテル玄関前に中隊全員が整列したところに、安藤大尉が現れ、訓示を述べた。

「俺達は最後までよく陛下のために頑張った。連隊に帰ったなら何とかいう人間があるかも知れない。しかし皆の闘いは勝ったのだ。皆の行動は正しかったのだ。安心してくれ。連隊へ帰っても命拾いをしたなどという考えを出さないように。母様心を出して物笑いにならないように。満州へ行ったならしっかりやってくれ。では皆で中隊歌を歌ってくれ」

中隊歌を、皆涙をのんで歌い出す。

鉄血の雄叫びの声　　竜土台
勝利勝利　時こそ来れ　我等が六中隊
触るるもの鉄をも挫く　わが腕
奮へ奮へ　意気高し　我等が六中隊

安藤中隊長は歌いながら後へ後へと退く。皆が「アッ変だぁ」と中隊旗を投げ捨てて走り寄った時、突然一発の銃声、咽喉部を打ち貫いたピストルの弾丸は、左こめかみのあたりに止まって膨れあがり、口の中は血だらけとなって、中隊長は倒れた。皆駆け寄り大声を上げて泣く。大隊長も泣きながら「大和魂をいかんなく発揮したのだ。真の武士の最期だ」と叫んだ。

中隊旗、尊皇討奸の旗を額にかけ、真っ赤に染まる安藤中隊長。堂込曹長の渡した軍用通信紙に赤鉛筆で血にぬれた手で「未練ハナシ」「尊皇絶対」「志気団結」「必死三昧」「タマヌケノトキ間違ノナイ様ニタノム」「最后マデ自ラ裁ク勝利」「諸君ノ御武運長久ヲ祈ル」と書いたのである。

前述したが、安藤大尉の一隊が鈴木貫太郎侍従長を襲撃した際、拳銃四発を撃たれ倒れたあと、「止め」を刺さなかったことと、只今の状況と合わせ、安藤輝三大尉という人間は、「人の痛みがわかり、人の心を打つ、統率力抜群の、俗にいう敵ながらあっぱれな人」であったと言えよう。

安藤大尉は、すぐに戸山町の第一衛戍病院に運ばれ、何とか命は取り止め、二週間の治療の上、代々木の東京衛戍刑務所患者房に移された。

さて、中隊の下士官兵は、用意されていたトラックに乗ることを拒み、堂込曹長の指揮で徒歩行進し、六本木を経て第三連隊の営門をくぐったのであった。

将校たちは、それぞれの兵隊を原隊に帰したあと、陸軍大臣官邸の第二応接室に集められた。自決を図って病院へ送られた安藤大尉と山王ホテルの裏口から脱走した山本又予備少尉だけは、当たり前だがそこにいなかった。

戒厳司令部は、二十九日午後二時三十分「叛乱部隊ハ鎮定セラレタリ」と発表した。

将校たちは憲兵によって武装解除されていたが、いつでも自決できるように軍刀、拳銃は机の上に置かれており、中には自決すべく辞世の句を詠んでいるものもいた。

事実、自決を前提に、第一衛戍病院から密かに、死後の手当てを施すために脱脂綿・ガーゼや消毒液、敷布などが用意され、そして棺桶まで準備されていたという。

そういう中で、野中大尉と栗原中尉が、「馬鹿どもが、なんで自決するんだ、逆賊と言われて死んでみろ。奴らはノホホンと居座るだろう。真実を法廷で堂々と明らかにして歴史の転換を図るんだ」と言ったので、皆自決することを思い留まったのであった。

しかし、「決起趣意書」に「陸軍歩兵大尉野中四郎外同志一同」と筆頭人だった野中大尉の自決を、目の当たりに見るのである。前年十二月の異動まで歩三の連隊長であった井出宣時大佐（その時は参謀本部戦史課長）と時の連隊長渋谷大佐が来て、野中大尉に「ちょっと来てくれ」と図書室に呼び出し、十分ぐらいの説得を受けたのか、井出が部屋を出ると、野中は拳銃を口に銜《くわ》えて自殺、「天壌無窮」と紙片に認《したた》めていた。野中なりに責任者としてけじめをつけたのであろう。

将校たちは、全員免官、階級章を剝奪され、憲兵の取調べの後、代々木刑務所に収容され、やがて特別軍法会議によって裁かれるのであった。

17. 二・二六事件の総括

この二・二六事件というのは、昭和十年八月の相沢事件を契機にして、同年八、九月頃から青年将校たちが計画し始め、本格的になってきたのは十一年一月に入ってからで、二月はじめに具体案が固まっている。この計画の進む過程で、磯部らは陸軍の首脳部に会い、それとなく打診を試みている。例えば、一月中旬安藤らが山下奉文軍事調査部長を訪問した時、山下少将は士官学校事件の永田らの処置を非難し、「岡田首相なんかぶった斬るんだ」と放言した。また、一月下旬、磯部が川島陸軍大臣に会った時、川島大臣は「何事か事件が起こっても仕方がない、その場合も自分たちは青年将校を弾圧しない」という態度を匂わせた。特に真崎大将は、一月二十八日磯部が相沢公判の援助資金をもらいに来た時、資金を渡すとともに、「何ごとか起こるなら何も言ってくれるな」と思わせぶりなことを言っている。

最終的に決行が決まったのは二月二十二日であった。

いずれにしても、青年将校が真崎大将を始めとする皇道派の煽動に乗って、「事を起こせば、軍の上層部が自分たちの信念を理解して、何とか始末をつけてくれる。真崎大将が自分たちの頭領になってくれるもの」と信じて立ち上がったのである。勿論計画を練ってはいただろうが、ずさんで確実なプログラムを持ち合わせておらず、詰めが甘かった。予め真崎大将らのきちんとした了解を得ることなくスタートしたものであった。ゆえに起きた後は、肝心の皇道派巨頭真崎甚三郎大将自身が一番困ってしまった。

振り返るに、すでに決起の初日、二十六日の夜九時、陸軍大臣官邸応接間に、林銑十郎、荒木貞夫、真崎甚三郎、阿部信行、植田謙吉、西義一、寺内寿一の七大将、朝香宮、東久邇宮を除く全軍事参議官が顔を揃えた。テーブルを挟んだのは、叛乱軍の香田清貞大尉、村中孝次、磯部浅一、栗原安秀中尉、對馬勝雄中尉の五人、他に山下奉文少将、小藤恵《こふじめぐむ》大佐、鈴木貞一大佐、満井佐吉中佐、山口一太郎大尉らの幕僚が立ち会い、話し合った。

まず、香田大尉から蹶起の趣意と要望事項を述べた。これに対し、真っ先に発言したのは荒木大将である。

「君たちの今回の趣旨は我々もよく了承している。それはまた陸軍大臣を通じ畏くも上聞にも達している。これ以上のことを、更に陛下に申し上げるのは強要ともなり、大権の私議ともなる。陛下はこのことについて非常に御心配になってあらせられる。この上は大義に反せぬように充分自重せよ。あとの事は我々一同でできるだけ善処するから、まず速やかに兵を解散し、君らは闕下《けっか》に罪を待つべきである」

これを聞いた磯部は、「何が大権私議だ、この国家重大の時局に、国家の為にこの人の出馬を希望するという赤誠国民の希望が、何故大権私議か。君国の為に真人物を推す事は赤子の道ではないか。特に皇族内閣説が幕僚間に擡頭して策動頻りであるとき、もし一歩誤れば、国体を傷つける大問題が生ずる瀬戸際ではないか」と言う。荒木大将は「大権を私議するようなことを言うなら、我々は断然意見を異にする」と、口喧嘩になった。

そこで一旦休憩し、その後再開したが、今度は、こともあろうに真崎甚三郎大将は、「諸君は自分を内閣首班に期待しているらしいが、第一に自分はその任ではない。またかような不祥事を起こした後で、君らの推挙で首相となることは、お上に対して強要となり、臣下の道に反し、畏れ多い限りでもあるので、断じて引き受けることはできない」ときっぱり明言したのである。あの真崎大将が、である。真崎大将にすべての期待をかけていた青年将校らは一様に驚き、その真意を測りかねていた。

しかし、真崎首班の実現性の薄いことは、当の真崎大将自身が一番知っていたのである。

それは「大御心」、つまり天皇陛下の信任がなかったからだ。

真崎大将は、昭和七年一月参謀次長になった。参謀総長は閑院宮載仁親王殿下であったが、皇族であるため、真崎次長は実質的に自ら参謀総長をもって任じる行動をとってしまった。それだけではないが、宮中に信任がなく、天皇陛下は、真崎の上奏のみ即決されず、二、三日留め置かれることが多かった。この天皇陛下の不信任を知った真崎大将は、佐賀出身のゆえ、元佐賀藩主家の鍋島侯爵を通じて梨本宮殿下に天皇陛下へのとりなしを要請したり、東久邇宮に「昨今陛下がとかく参謀本部辺より奉呈する案に対し心よく御嘉納なきことあり、困る故、殿下より申上げを願う」と、とりなしを頼んでいる（『木戸日記』上巻）。さらに、加藤寛治海軍大将の斡旋により伏見宮殿下にも取り入った。つまるところ、畏れ多くも天皇陛下にまで「自分は誤解を受けている」と上奏する始末であった。

天皇陛下は、おそらく真崎に青年将校を煽りたてるような言動の多かったことを嫌っておられたのではないか。天皇陛下の信頼を全く失った真崎大将は、平野助九郎少将、石丸志都麿少将などを通じて、軍の最高機密を青年将校に漏らしたため、軍部内で孤立し、政財界などにも評判が悪くなっていった。それらのことから、やがて教育総監の地位を追放される原因になっていった。

昭和八年、斎藤實内閣の荒木貞夫陸軍大臣が辞めたあと、後任は真崎大将かとも取り沙汰されたが、閑院宮殿下が強く推した林銑十郎大将に決まった。林大将は当初皇道派とみられていたが、陸軍大臣になると、荒木・真崎派の排除に乗り出し、昭和九年三月、永田鉄山少将を軍務局長に起用したのを手始めに、皇道派勢力の締め出しに取り掛かった。

昭和十年七月、林銑十郎陸軍大臣から示された陸軍の定期異動の原案に真崎大将の教育総監更迭が記してあったので、真崎は猛烈に反対し、「人事は大臣の掌管事項ではあるが、将官以上の人事は三長官の協議によるとされているのに、陸軍大臣が勝手に行うことは、〝統帥権の干犯〟である」と主張して、辞職を拒否したのである。しかし、七月十五日、林陸軍大臣、参謀総長閑院宮戴仁親王殿下、真崎教育総監の三長官がこの問題で話し合った。閑院宮殿下は真崎大将に向かって、「総監の意のあるところは諒承するが、しかし、今や軍の総意は総監の辞任を要望しているのであるから、この際不本意でもあろうが、一応、陸軍大臣の希望を入れて辞任せよ」と述べられた。しかして協議の結果、二対一で真崎辞任と相成ったのである。

蹶起二日目の二十七日午前十時頃、北一輝は西田税を通じ、「国家人無し、勇将真崎あり、国家正義軍のために号令し、正義軍速やかに一任せよ」との「霊告」があったと電話で磯部に連絡した（北は、法華行者で心霊師の永福寅造に心酔していた）。早速磯部は、村中、香田とも相談し、「霊告」に基づいて真崎大将に善後処置を一任することを決めた。前夜の会談で、真崎大将の全く頼りにならないことが露呈したはずなのに、どうしたことだろう。それでもなおかつ真崎に「何とかしてくれ」と頼むしかなかったのか。言ってみれば「真崎なら何とかしてくれる、してほしい」という願望、まさに神がかりに近いことではないか。

天皇陛下によって「奉勅命令」が裁可された二十七日の夕刻、陸軍大臣官邸において、真崎甚三郎・阿部信行・西義一の三軍事参議官と陸軍歩兵大尉野中四郎以下十八名が会見した。

真崎大将は青年将校たちに、またしてもここで「時局収拾の道は、維新部隊が速やかにご統率の下に復帰行動あるのみ。もし奉勅命令に反するときは、錦旗に反抗することになる。万一しかる場合、自分は老いたりといえども陣頭に立ってお前たちを討つぞ。軍長老の言を聴いて考え直せ」と、君子豹変させて帰順を説いた。これを受けて磯部浅一（大尉、免官）は「真崎、阿部、西、川島、荒木にダニの如くに喰らいついて、脅迫、煽動、如何なる手段をとってもいいから、これと離れねばよかったのだ」と言った。

天皇陛下の「大御心」を、青年将校は知るすべもなかった。従って、真崎の変節について的確な理解ができようもなかった。真崎大将としては、青年将校の起こしたこの事に便乗し、野心的に一時「あわよくばという夢」を見たかも知れないが、冷静に自分の立場を考え、賢明にも自らは頭領になろうとはしなかった。頭領のないクーデターであったが故に失敗したのである。

それにしても、この叛乱に対する軍首脳部の対応は、行き当たりばったりで一貫していなかった。それこそ「統制派」の中にも、「この際、この勢いを借りることによって軍内閣を作るのもいいじゃないか」と考える者もいた。全体に陸軍の将領たちは極めて不可解、つまり全然脈絡のない行動ばかりしている。もともと軍人というのは皆、軍が中心の政治を実現したいという意欲を持っており、それゆえ「統制派」で固まっている陸軍省自体が叛乱軍を「蹶起部隊」「占拠部隊」と呼び、そして「蹶起の趣旨に就いては天聴に達せられあり」「諸子の行動（正文では真意）は国体顕現の至情に基づくものと認む」というような「陸軍大臣告示」を出したり、全く奇妙な動きを繰り広げた。

天皇陛下が討伐をお命じになってから、初めて「叛乱軍」という言葉が用いられ、そして「奉勅命令」が出たのである。

18. 二・二六事件の裁判

この二・二六事件の裁判は、三月四日に緊急勅令により「特設軍法会議」が開かれ、四月末から「非公開・一審制・上告なし・弁護人なし」で行われた。

七月五日の第一次判決で、香田清貞・安藤輝三・栗原安秀・對馬勝雄・村中孝次・竹島継夫・中橋基明・丹生誠忠・坂井直・田中勝・中島莞爾・高橋太郎・林八郎・安田優・磯部浅一・渋川善助・水上源一ら十七名に死刑が言い渡され、十二日には重要証人として処刑を延ばされた村中、磯部（昭和十二年八月十九日執行）を除く十五名の死刑が執行された。

代々木の陸軍衛戍《えいじゅ》刑務所における処刑のとき、天皇の名において銃殺されるにも拘わらず、十五名全員が「天皇陛下万歳」と叫び、安藤大尉は「秩父宮殿下万歳」も一緒に叫んで死んでいった。

次いで七月二十九日と翌年一月に第二次・第三次判決が下り、山口大尉無期禁錮、斎藤少将懲役五年、末松大尉懲役四年、満井中佐懲役三年となった。また、八月十四日には、思想的首謀者として、民間人の北一輝と、事件の十一年前に予備役に退いた西田税に死刑（執行は八月十九日）、同じく民間人亀川哲也に無期禁錮の判決が下されたのであった。

ところが、この裁判の量刑は不公平ではないか、との指摘がなされている。

磯部浅一は「〝川島、香椎、堀、山下、村上は青年将校と同罪なり、大臣告示および戒厳命令に関係ある全軍事参議官も同様ならざるべからず〟と責め立て、軍部そのものを国賊にしてしまうことが絶対に必要です」と告発している。

この二・二六事件の中心人物は、何といっても真崎甚三郎大将である。昭和十一年六月に代々木刑務所に収容され裁判にかけられていたが、昭和十二年九月二十五日無罪判決によって即日一年三ヵ月ぶりに釈放された。

これに対して、皇道派の大物荒木貞夫大将でさえ、昭和三十六年に「あんな奇妙な判決文ないよ。判決理由は、ひとつひとつ真崎の罪状をあげている。そして、とってつけたように主文は〝無罪〟。あんなおかしな判決文はないよ」と言った。

真崎大将が罪に問われた内容は、判決によると次の諸点であった。

◎青年将校の間に不穏の動きがあるのを知りながら、陸軍少尉平野助九郎らに総監更迭の内容を話し、痛く憤懣の情をもらし、統帥権干犯あるいは軍令違反などと力説したこと。

◎永田鉄山殺害事件発生後、青年将校らがますます不穏の度を加え、直接行動で、特権階級重臣らを倒す動きがあることを知りながら、對馬中尉、磯部浅一、小川三郎などに教育総監更迭問題を怒りをもって話し、香田大尉などにも相沢中佐の決起精神を称揚し、渡辺錠太郎がその位置を退くことがあれば、昭和維新運動に都合よい旨説いた。

◎磯部浅一に対し、統帥権干犯は真実なりと説き、また昭和維新断行の可能性を示唆して青年将校の決意を強固なものとしてその行動促進の気勢を助長し、かつ磯部へ森伝から五百円を決起のため渡させた。

◎決起直後山口一太郎は本庄繁ら陸軍上層部に、西田税は小笠原長生及び加藤寛治に、亀川哲也は真崎甚三郎及び山本英輔にそれぞれ上部工作をしたが、真崎は亀川から不祥事態発生を知るや同日八時頃陸軍大臣官邸に至り、

㋑磯部浅一から報告を受け「君達の精神はよくわかっておる」と答え、

㋺川島陸軍大臣に反乱の精神を汲みその要望を促進させる必要を進言し、

㋩同九時伏見宮邸に伺候し、加藤海軍大将とともに強力内閣を組織し、決起者に恩典を与える旨を含む大詔発を仰ぐべきことを言上し、随従して宮中に参内、

㊁宮中において陸軍の参議官、陸軍大臣、参謀本部次長、警備司令官の会合の席上、決起者を反乱者と認むべからず、討伐は不可なりの意見を開陳するなど、「以て今次反乱者に対し故意的言動により、其の反乱行為遂行の為に適宜の方策に出で、又は右遂行に対する障害の除去につとめた」と、その犯罪を明確に認定している。

しかし、判決主文は〝無罪〟である。その無罪の理由は、「按ずるに以上の事実は、被告人に於て不利

なる点につき否認する所あるも、他の証拠により之を認むるに難からず、然るに之が反乱者を利せしむる意思より出たる行為なりと認定すべき証拠十分ならず、結局本件は犯罪の証明なきに帰するを以て、陸軍軍法会議法第四〇三条により無罪の言渡しを為すべきものとす」という、矛盾極まる判決によるものであった。

ただ、真崎が無罪になったのは、七月七日の盧溝橋事件のお蔭といわれ、裁判どころではなくなったことも一因であったし、もとより陸軍大将が叛乱関係で実刑を受けたとあっては陸軍の名誉にかかわるということもあったのではないか。

もう一度言う。真崎が無罪で、蹶起に直接携わらず軍指導者でもなかった北一輝、西田税を首魁と処断して死刑にしている。

この北、西田裁判について、昭和十一年七月十一日に新井朋重法務官が、翌日死刑が執行される安田優少尉に、「北、西田は二月事件に直接関係は無いのだが、軍は既定の方針にしたがって両人を殺してしまうのだ」と語った。また、北、西田の論告求刑（十一年十月二十二日）の時、「何か問題が起こるとお前たちは決まって顔を出すが、いよいよ年貢の納め時だ」と検察官が口走った。この事実ひとつ見ても、軍部としてはどうも北、西田に限らず、事件に関わった青年将校全員を死刑にする方針を決め、裁判に臨んでいたのではないか、と思わざるを得ない。

それに、軍法会議による裁判という特殊性もあって、他の判決においても、総じて民間人の方が軍人に比べて刑が重くなっている。

禁錮十五年を求刑された亀川哲也の場合、判決では通例なら五年以下に減刑されるところであるが、それが無期禁錮へと跳ね上がった。叛乱幇助の斎藤瀏少将は禁錮十五年の求刑が判決では五年に、満井佐吉中佐は求刑の禁錮十年が三年に、それぞれ軽減されている。牧野伸顕襲撃組の場合はどうか。水上源一は指揮官ではないが、放火したことで、求刑の禁錮十五年が死刑になってしまった。禁錮十五年の判決となった中島清治、綿引正三とともに、求刑禁錮十年であった黒澤鶴一も禁錮十五年に跳ね上がっている。黒澤は除隊直前の歩兵一等兵だが、中島は予備役兵、綿引は民間人である。同じく民間人の、渋川善助は謀議参与という罪を着せられ、無残にも死刑になったが、その処刑の際、「国民よ、軍を信用するな」と絶叫した。

また、柴有時、松平紹光大尉の無罪についてであるが、柴は収監されても平気で「俺たちは無罪だぜ、香椎の命令で動いたんだから、香椎が罪にならない限り、俺たちを罪にすることはできない」と断言しており、判決はその通り「無罪」となった。

さらに、行政責任に問われた者は、まず最初に林、荒木、真崎、阿部の四軍事参議官は待命となり、続いて関東軍司令官南次郎大将、陸軍大臣川島大将は軍を去った。次に戒厳司令官香椎中将、憲兵司令官岩佐祿郎中将、近衛師団長橋本中将、第一師団長堀中将らも待命となった。叛乱部隊を出した歩一、歩三両連隊長、歩一、歩二両旅団長らも引責辞任した。

また、山下奉文軍事調査部長は左遷にはなったが、何故か法廷に立たされてすらいない。

本庄繁侍従武官長は、荒木、真崎両大将と陸軍士官学校の同期で、熱心な皇道派であった。しかも、小藤第一連隊長の副官で縦横無尽に飛び回っている山口一太郎大尉は、ほかならぬ本庄の女婿である。

この事件に深く関与した山口大尉は、二月二十八日夜、すでに第一師団司令部に監禁されていた。

本庄侍従武官長は、今まで述べてきたように、侍従武官長という立場にあったがゆえに、天皇陛下にたびたび皇道派の主張を代弁したり、青年将校が起こした事件について擁護するような上奏を行った。事件の四日間を通じ、これほどの直言を天皇陛下に呈したものは本庄以外には誰一人としていないのである。三月十六日に新しい陸軍大臣寺内寿一大将から発せられた「山口大尉の容疑内容」を聞くに及んで、本庄は直ちに辞職の意向を伝え、二十三日に待命となり、四月二十二日には予備役となった。片や、山口大尉は無期禁錮に処せられた。

そして本庄は、終戦の昭和二十年の十一月二十日に「相手国ノ裁判ヲ受ケルガ如トキハ我帝国ノ武人トシテ面目上忍ビ難キ処ニ有之」と遺書をしたため、自決したのである。

この二・二六事件によって、陸軍では皇道派が壊滅し、軍中央部幕僚の圧力が強まり、寺内陸軍大臣が立ったが、実権は梅津美次郎《よしじろう》次官やその下にいた武藤章、参謀本部の石原莞爾らが握るようになり、いわゆる新統制派を形成し、「粛軍」に名をかりて反対派を次々追放していった。

こうして陸軍が一体になって政策遂行に当たり、日本の政治は軍部の意のままに動きはじめ、急速に軍部独裁へと進んでいくのであった。

ともかく、天皇絶対のもとでのクーデターは、天皇の輔弼《ほひつ》機関として、自らが、あるいは自らの勢力がこれに当たることを意図するに留まり、現朝廷を倒して自分の都合のよい朝廷を立てた足利尊氏の如くなることではなかった。

それにしても、青年将校たちは、天皇に忠なりと信じて蹶起したが、何故天皇陛下を擁して「昭和維新」を断行しなかったのか。天皇と宮中に対する作戦が全く不完全であった。天皇制のもとでのクーデターは、天皇を仰いで天皇の大号令で国家改造を行うとするものである。いかに真崎大将を頭とする皇道派が味方についていたとしても、誰も天皇に逆らうことができるはずもなく、結果として青年将校を見殺すことになってしまった。天皇の意思は常に絶対なのである。ゆえに天皇陛下の大御心が不同意であるならばクーデターは成功しない。青年将校は政府中枢の重臣たちを奸臣《かんしん》と思い決めて弑殺《しいさつ》したが、彼らはいずれも天皇の寵臣《ちょうしん》であった。ために天皇陛下の逆鱗《げきりん》に触れ、叛徒とみなされた。これで全て水泡に帰し終焉を迎えたのである。

天皇陛下は事件終結のあと、川島陸軍大臣に対し、「陸軍において発生せる今次の事件は、国威を失墜し皇軍の歴史と伝統に一大汚点を印したるものと認める。陸軍はこの機会に厳にその禍根を一掃せよ」と厳しく仰せられた。

天皇陛下の怒りは、それでも収まらず、五月四日に開かれた特別議会の開会式に臨む勅語の中で二・二六事件に触れ、「今次東京ニ起レル事件ハ朕カ憾《うらみ》トスル所ナリ」と異例のお言葉を仰せられた。

二・二六事件は、まさに天皇陛下の激しい怒りをもって終わった。これもまた一つの天皇陛下の御聖断であったと言えるであろう。

後篇　終戦の真相

1. 開戦前夜

前篇の「二・二六事件の秘話」に引き続き、この後は「終戦の真相」を述べよう。「終戦」というからには、当然そこに「開戦」があるはずである。

開戦の前年、日米間で外交交渉が行われていたが、米国は満州事変以来、日本の支那進撃を快く思っていなかった。日本軍が仏印（フランス領インドシナ）に進駐するに至り、日米通商航海条約を一方的に破棄し、対日禁輸を実行した。この禁輸品目の多くは軍需品ではなく、日本の民間人の生活にとって必要なものであった。

昭和十五年七月に成立した第二次近衛内閣においても、日米交渉を続けた。石油資源に乏しい日本としては、石油の輸出を禁止されたのでは、日本海軍は全く機能を停止せざるを得ない。その結果、南洋の石油資源を確保することが至上命題となった。蘭印に石油を求めようとした日蘭会商も、米英の圧力によって失敗した。

日本は、戦争回避のための「日米交渉」を八ヵ月以上も続けた。その交渉の裏で日米双方とも戦争準備を進めていた。米国が禁輸を実行したのは開戦の準備が整ったからである。

七月二十五日、米国は日本人の在米資産を凍結、二十六日に英国、二十七日にはオランダもこれに倣った。さらに米国は八月一日に、対日発動機燃料、航空機潤滑油などの全面輸出停止を決めた。燃料がなければ飛行機も軍艦も動かない。

いわゆるＡＢＣＤ包囲網は、日本の南進政策に対抗する、東南アジアに植民地を持つ国の共同行動で、その経済封鎖網は苛烈を極め、日本は身動きできなくなった。

これら諸国の圧力に屈したならば日本は滅びるしかない。大東亜共栄圏の確立とアジアの解放を目指して立ち上がるべきだ、と国民の戦意を高め、生きるためには必要な資源を戦ってでも獲得する以外にない、と追い詰められてしまった。米国のルーズベルト大統領は、「南太平洋水域における戦争の勃発」が必至であることを見抜いていたのである。

そんな中、九月二十七日に「日独伊三国同盟」が締結されるに及んで、日本は完全に反米英路線をとることになった。

陸軍が仏印からの撤退を承知しないので、ついに日米交渉は妥結できず、近衛内閣は十一月に総辞職したのである。

さて、その後任の首班を選定する重臣会議が開かれた。若槻礼次郎、岡田啓介、広田弘毅、近衛文麿、平沼騏一郎、米内光政、阿部信行の首相経験者七人と、木戸幸一内大臣が出席した。この会議において、木戸内大臣は東條英機大将を推薦し、阿部元首相が同調した。

重臣たちは、陸軍に内閣を任せることは直ちに戦争に突入することになるのではないかといって、多く反対したのであったが、木戸内大臣は、「この際陸軍を押さえられるのは東條の他に適当な人物が見当たらない。東條は日米交渉を成立させる心持ちがあるし、今まで陸軍が交渉の成立を邪魔していたのだから、軍にやらせる方が良い」と主張した。

この時、若槻礼次郎元首相は、「木戸さんの考えは少しやけのやんぱち気味ではないか」と言った。ともかく木戸内大臣の推薦が通り、東條英機大将に組閣の大命が降下されたのである。

東條英機は、東條英教陸軍中将の長男で、陸軍幼年学校、陸軍士官学校、陸軍大学を卒業。統制派の永田鉄山軍務局長に私淑していた。昭和十年、満州の関東軍憲兵司令になった頃から頭角を現し、二・二六事件で皇道派が粛正されると、関東軍参謀長、陸軍次官を経て、昭和十五年七月、第二次近衛内閣の陸軍大臣と出世街道を走り、ついに内閣総理大臣となったのである。

東條は好戦派代表であり、南方進出論者であった。もちろん東條内閣も日米交渉を続けて、米国側の意向とほとんど同じ程度の譲歩を行ったが、奇妙なことに米国側は急に態度を変え、一段と無理な条件を持ち出してきたのである。

それは、昭和十六年十一月二十六日、米国から提示された、実質的な最後通牒といえる「ハル・ノート」であった。十ヵ条からなる覚書であるが、その中での重要な項目は、「三、日本は、中国及び仏印より、全陸海空軍及び警察力を撤退する」および「四、両国政府は、重慶政府以外の中国における如何なる政府もしくは政権をも支持せず」である。チャーチル回想録には「米国国務省に呼びつけられた日本の野村大使らは、ただ唖然たるばかり、悲痛の面持ちで引き下がった」と書いている。仮に中国及び仏印からの撤兵はまだよいとしても、第四項は汪兆銘政権はもちろん満州国放棄を強制しているとも取れる。第五項では中国における一切の既得権の無条件放棄を命じ、第九項では、日独伊三国同盟の廃棄を要求している。これは日清戦争以前までの状態に戻せということなのだ。それはもはや交渉というものではなく、日本に対して全面降伏を求めるものでしかない。

後日、米国においても、開戦当時の太平洋艦隊司令官セオポルト海軍少将は、その著書『真珠湾の最後の秘密』の中で「まさしくハル・ノートは日本を鉄棒で殴りつけた挑発であった。真珠湾は日本に最初の一発を放たせるためのオトリであった」と言っている。グルー大使も「この時、開戦のボタンは押されたのである」と回想録に書いている。

日本が受諾出来ないような「最後通牒」を突き付ければ、日本は当然軍事行動に出てくるであろう、と米国は予測し計算していたのである。ルーズベルト大統領とハル国務長官は、この提案を日本は拒否するものと確信し、日本の回答を待つことなく、この文書が日本側代表に手渡されたその翌日、米国の前哨地帯の指揮官たちに対して、戦争の警告を発し、戦争体制に入ることを命令している。

この時点で日本はすでに日中戦争で十六万人以上の精鋭が命を捧げているのだ。「窮鼠猫を噛む」ではないが、ここまで来ればもはや一戦を交える外に道はなく、とうとう真珠湾攻撃によって対米戦争に突入するしかなかった。

2. 天皇陛下のお気持ち

昭和十六年十月の御前会議において、もし日米交渉が成立しない場合は戦争開始という議論が出たとき、天皇陛下は特に次のように仰せられた。

それは、

四方の海　みな同朋《はらから》と　思ふ世に
など波風の　立ち騒ぐらむ

というあの明治天皇の御製を、二度までも陛下はお読みになった。これは、明らかに天皇陛下が、戦争を極力お避けになりたいと考えておられたことの証である。

しかし、東條内閣は遂に「開戦」を決定してしまった。

そうして、陛下は御裁可された。

終戦後の昭和二十一年二月、藤田尚徳侍従長が拝謁したとき、陛下は椅子をすすめ、自らの戦争責任論を口にされた。

『いうまでもないが、戦争はしてはならないものだ。今度の戦争についても、どうかして戦争を避けようとして、私はおよそ考えられるだけ考え尽くした。打てる手はことごとく打ってみた。しかし、私の力の及ぶ限りのあらゆる努力も、ついに効をみず、戦争に突入してしまったことは、実に残念なことであった。ところで戦争に関して、この頃一般で申すそうだが、この戦争はわたしが止めさせたので終わった。それができたくらいなら、何故開戦前に戦争を阻止しなかったのかという議論であるが、なるほどこの疑問には一応の筋は立っているようにみえる。如何にも尤もと聞こえる。しかし、それはそう出来なかった。

申すまでもないが、我国には厳として憲法があって、天皇はこの憲法の条規によって行動しなければならない。また、この憲法によって、国務上にちゃんと権限を委ねられ、責任を負わされた国務大臣がある。この憲法上明記してある国務各大臣の責任の範囲内には、天皇はその意志によって勝手に容喙《ようかい》し干渉し、これを制肘《せいちゅう》することは許されない。

だから内治にしろ外交にしろ、憲法上の責任者が慎重に審議を尽くして、ある方策を立て、これを規定に遵って提出して裁可を請われた場合には、私はそれが意に満ちても、意に満たなくても、よろしいと裁可する以外に執るべき道はない……（後略）』

要するに、明治憲法の主旨というものは、天皇は直接に政治には関係しない、統治はするけれども政治はしないという立場である。だから責任内閣が決めた事に関しては、天皇はこれを許すことに方針を決めている。

東條内閣の時は、閣議で開戦を決定して裁可を求めてきたため、明治憲法の主旨、即ち責任内閣という制度に鑑みてこれを裁可せざるを得なかった。対して、鈴木総理大臣は、閣議で決定する前に天皇の御意見を求めてきた。これはあくまで非公式のお伺い立てであり、立憲君主制の精神に反しないとご判断になったが故に、素直にご自身の見解を仰せられたのである。

3．真珠湾攻撃による日米戦争の開戦

昭和十六年十一月二十六日午前六時、南雲忠一中将指揮のハワイ真珠湾攻撃の機動部隊は、発進基地である千島の単冠《ひとかっぷ》湾を密かに進発していた。「赤城」「加賀」など六隻の航空母艦を中心とする三十一隻の帝国海軍の最新鋭の機動部隊であった。

また陸軍のマレー、フィリピン攻略部隊はすでに集結を終え、一部は乗船して航海の途中であった。

広島湾に浮かぶ旗艦「長門」にある連合艦隊司令部は、機動部隊に対して「ニイタカヤマノボレ一二〇八」という暗号文を打電した。

十二月八日午前零時を期して戦闘行動を開始せよ、というものである。奇襲作戦は日露戦争以来、日本海軍の伝統的な作戦である。

米国太平洋艦隊が真珠湾に集結していることを確認した時から、先制攻撃で一挙に撃破しておくことが今後の南方作戦の重大な決め手になる、と考えていた。

ついにその時がきた。

八日、日本時間の午前一時三十分（ハワイ時間七日午前六時）百八十三機の第一次攻撃隊が空母四隻から飛び立った。飛行隊長淵田中佐は、オアフ島上空から真珠湾に戦艦が二列縦隊で並んで停泊しているのを双眼鏡で確認し、午前三時十九分（ハワイ時間七時四十九分）第一次攻撃隊に対し、「トトト……」の暗号によって「全軍突撃せよ」の命令を発した。攻撃隊は戦艦群と地上の軍事施設に向かって猛然と襲い

かかった。続いて第二次攻撃隊が発進し、攻撃した。淵田中尉は「トラトラトラ」の暗号電を発信した。「ワレ奇襲ニ成功セリ」という意味である。この日米国では十二月七日の日曜日で、不意をつかれた格好になった。一部は対空砲火で応戦したが、圧倒的な日本機の前になすすべもなかった。

戦果は、撃沈戦艦四隻、撃破は戦艦四隻、巡洋艦三隻など、破壊した飛行機二百三十一機、死傷者、軍人、民間人会わせて三千七百八十四人に及んだ。日本側の損害は、飛行機二十九機と特殊潜航艇五隻、戦死者六十四人、それこそ「我が方の損害軽微なり」であった。

一方、同じ八日、日本軍は午前二時十五分、英領マレー半島のコタバルに敵前上陸した。また、香港へ向けて進撃する。フィリピンのルソン島の基地を空襲し、米国機に壊滅的被害を与えた。このように奇襲作戦は全て成功し、日本軍の一方的勝利に終わった。かくして大東亜戦争の火蓋が切って落とされたのである。

この八日の朝のラジオは、「臨時ニュースをお伝えします。臨時ニュースをお伝えします。大本営陸海軍部午前六時発表、帝国陸海軍は本八日未明西太平洋において米英軍と戦闘状態に入れり。繰り返してお伝えします……」と何度も繰り返し放送した。

十二月十日、英国海軍が誇る東洋艦隊の主力戦艦プリンス・オブ・ウェールスとレパルスは、マレー沖で海軍航空隊のために撃沈された。マレー半島上陸の陸軍部隊はシンガポール目指して、自転車に乗って快進撃。行くところ敵なしであった。

国民の血沸き肉踊る戦勝ニュースが次々にもたらされた。十二月十一日にはグアム島、二十五日には香港を占領した。翌昭和十七年一月二日にマニラを占領した。そして二月十五日にシンガポールを陥落させた時、輝く日の丸の下、悠然と構える山下奉文中将と、一方のユニオン・ジャックの旗も垂れ、うなだれる敵将パーシバル総司令官との降伏会談が、いわゆる「イエスかノーか」で有名になったのである。

日本国内では、国民は「軍艦行進曲」「愛国行進曲」を歌いながら日の丸の小旗を振って街頭を練り歩き、学校や職場などでラジオから流れる東條首相の演説を聞いた。

「今ゃァ、我が日本帝国陸海軍はァ、連戦連勝、今ここにィ、シンガポールの陥落によりィ、米英の東洋制覇の重要なる拠点はわが手に帰しィ、大東亜建設の基礎は、まさにィならんとォしておりますゥ。天地も揺るげとばかりィ、御唱和をお願いします。天皇陛下万歳! 万歳! 万歳!」

この時期の日本の侵攻は、三月一日ジャワ島上陸、九日オランダ軍降伏。五月ビルマ全土確保、ギルバート諸島のマキン・タラワ、ビスマルク諸島のラバウルなど開戦半年で東南アジアから中部太平洋の要域がことごとく日本軍の占領下に入ったのである。

この戦勝の夢覚めやらぬ四月十八日、密かに日本本土に接近した米航空母艦から飛び立ったB25爆撃機十六機が、東京、川崎、名古屋などに爆弾を投下したのである。この空襲を受け、日本は、六月五日ミッドウェー島攻略作戦を展開した。主力艦隊部隊、航空母艦、潜水艦、輸送艦など三百五十隻、飛行機二百十六機、将兵十万を越える、日本海軍の空前絶後の大出撃であった。しかし、米軍の基地航空隊と機動部隊の反撃にあい、主力航空母艦四隻が全滅し、母艦機の全てと熟練した人員三千五百人、巡洋艦一隻を失う大敗北となった。この敗戦で日米海空戦力は完全に逆転してしまった。

八月七日、米軍はガダルカナル島に上陸、この攻防は六ヵ月続いたが、日本軍は弾薬もなくなり、食糧もなく、飢えとマラリア、赤痢に倒れていく惨状は、まさに「地獄絵」であり、戦死、戦病死二万人にのぼり、ついに昭和十八年二月三日撤退せざるを得なくなってしまった。

これ以後は、同年四月十八日、山本五十六連合艦隊司令長官が戦死した。

五月三十日の大本営発表は、「アッツ島守備隊は、五月二十九日夜敵の主力部隊に対し最後の鉄槌を下し皇軍の神髄を発揮せんと決意し全力を挙げて壮烈なる攻撃を敢行せり、爾後通信全く途絶全員玉砕せるものと認む、傷病者にして攻撃に参加し得ざるものは之に先立ち悉く自決せり」であった。これは、今次戦争で相次いだ「全滅」を「玉砕」という美名で発表した最初である。

十一月二十五日ギルバート諸島のマキン・タラワ両島の守備隊五千人玉砕。年明けて昭和十九年二月十一日マーシャル群島のクェゼリン・ルオット両島六千五百人玉砕といったように、敗退に継ぐ敗退の連続であった。

そして、同年二月、何とか士気高揚の戦果を挙げたいと開始したビルマのインパール作戦も、英・インド軍の猛烈な反撃にあい、折からの雨期、泥の中を飢えさまよい、八万の戦死、戦病者を残して退却し、空前絶後の自滅戦であった。六月九日マリアナ沖海戦で空母艦載機のほとんどを喪失し、西太平洋の制海権を失ってしまった。

六月十五日、米軍がサイパン島に上陸した。壮絶な戦闘が繰り広げられ、最後にはあの「バンザイ突撃」が行われた。突撃の前夜、あの真珠湾攻撃の機動部隊指揮官であった司令長官南雲忠一中将が自決した。海岸線は死体で埋め尽くされ、陸海軍将兵四万人以上、一般市民一万人が戦闘あるいは自決で玉砕した。島の北端マッピ岬に追い詰められた在留邦人四千人は、断崖から「バンザイ！」と叫んで、何と次々に海中に身を投げて自決したのである。

緒戦で占領した南方の島々では、補給を絶たれたので、もはや珊瑚礁や密林で死を待つのみしかなかった。やがてサイパンの失陥によって敗北が決定的になった。国民には、それら連戦連敗の戦況は知らされていなかった。

東條首相は相変わらず「赫々《かっかく》の戦果」「必勝の信念」を説き、昭和十九年二月に自ら参謀総長も兼ねて首相・陸軍大臣・参謀総長の三身を握り、海軍出身に拘わらず「東條の副官」と称せられた島田繁太郎海軍大臣にも軍令部総長を兼任させ、軍事と政治の全権を手中に収め、独裁支配を強めた。

もうここまで来ると、早く戦争を止めなくては日本が滅んでしまう。しかし、戦争を始めた内閣では戦争を止めることができない。ならば東條内閣を打倒する以外にないと、近衛文麿、若槻礼次郎、岡田啓介らの元老重臣たちのいわゆる「東條追い落とし工作」が行われた。

ここではその過程の詳しい経緯は割愛させて頂く。

ついに昭和十九年七月十八日、東條内閣は総辞職になったのである。

七月二十二日、後継内閣の首班に朝鮮総督小磯国昭陸軍大将に大命が降下された。この小磯内閣は八ヵ月であったが、戦局は好転の兆を見せず、却って悪化の一路を辿った。

「神風特攻隊」は、十月二十五日に、関行男大尉（海軍兵学校七十期で戦死後中佐）が指揮した「敷島隊」五人がフィリピンのマバラカット基地のクラーク飛行場を出撃、スルアン島附近に迫った敵空母群に体当たりしたのが最初であった。米軍では、「護衛空母セントロー沈没、同カリニン・ベイ、キットカン・ベイ、ホワイトプレインの三隻が損傷を受けた」と発表している。

この神風特攻隊や人間魚雷「回天」という「肉弾攻撃作戦」など、若き兵隊があたら自分の命と引き換えに敵に体当たりして、日本の命運のために散華していった。それは戦争が終わるまで続いたのである。

翌昭和二十年四月一日午前六時、沖縄本島西側海域を埋め尽くしていた米戦艦、巡洋艦群から嘉手納地区に向けて一斉に艦砲射撃を受けた後、八時には上陸を開始され、以後三ヵ月にわたって壮絶悲惨極まる「沖縄決戦」の幕が切って落とされた。

四月五日、ソ連は「日ソ中立条約は延長しない」旨を通告してきた。もちろん締結国一方の破棄通告後一年は有効という規定であるので、当然「あと一年残っている」のだが、その時「いずれ対日参戦か?」という一抹の懸念も感じ取られた。

当時の日本としては、知りようもない「事実」が密かに展開されていた。日本はその「事実」を八月九日まで全く知らなかった。もし、どこかの時点で知っていたら、ソ連に日米戦争の仲介など頼んでいなかった。その「事実」とは次のことである。

ソ連が最初に対日戦参加を口にしたのは、昭和十八年十月、モスクワで開かれた米、英、ソ三国外相会談の最終日、晩餐会の席上である。スターリン書記長は、米国のハル国務長官に「連合国軍がドイツを屈服させたあと、ソ連は日本との戦争に参加したい。このことはルーズベルト大統領にだけは話してもよいが、他の者には絶対に秘密にしてほしい」と耳打ちした。

それから一ヵ月後の昭和十八年十一月末、連合国の首脳がイランのテヘランに集まった時、スターリン書記長は、「ドイツが最終的に敗北したあかつきには、われわれはともに戦線に立って、日本を倒すことができるだろう」と語っている。

翌昭和十九年の九月二十三日、米国のハリマン大使と英国のカー大使の二人はスターリン書記長と会い、ソ連の対日参戦を具体的に話し合った。このとき、スターリンは南樺太及び北海道を空軍によって無力化したあと、北海道を占領すると語ったのである。

次に昭和二十年二月、ソ連領クリミヤのヤルタで米英ソの三国首脳会談を行い、十一日に「秘密協定」を結んだ。それは次の内容であった。


ソ連、米国及び英国の指導者は、ドイツが降伏し、かつヨーロッパにおける戦争が終結したのち、二ヵ月又は三ヵ月をへて、ソ連邦が左の条件により連合国に味方して日本国に対する戦争に参加することを協定した。
一、外蒙古の現状はそのまま維持されるものとする。
二、明治三十七年（一九〇四年）日本国の配信的攻撃によって侵害されたロシア国の旧権利は、次のように回復されるものとする。
イ、樺太の南部及びこれに隣接する一切の諸島はソ連邦に返還されるものとする。

ロ、大連商港におけるソ連邦の優先的な利益はこれを擁護し、同港は国際化され、またソ連邦の海軍基地としての旅順港の租借権は回復されなければならない。

ハ、東清鉄道及び大連に出口を供与する南満州鉄道は、中ソ合弁会社の設立により共同運営されるものとする。但し、ソ連の優先的利益は保障せられ、また、中国は満州における完全なる主権を保有するものとする。

三、千島列島はソ連邦に引き渡されなければならない。

前記の外蒙古並びに港湾及び鉄道に関する協定は、蔣介石総統の同意を要するものとする。ルーズベルトは、スターリンからの通知によって、右同意を得るための措置をとるものとする。

三大国の首脳は、ソ連邦の右の要求が、日本国の敗北したのちにおいて確実に満足せしめられるべきことを協定した。ソ連邦は、中国を日本国から解放する目的をもって、自己の軍隊によりこれに援助を与えるため、ソ連邦―中国間友好同盟条約を中国と締結する用意のあることを表明する。

この頃になると、本土の各地にも連日爆撃が繰り広げられた。

このような容易ならざる情勢に、小磯内閣は苦境に陥り、陸軍との摩擦や閣内のいざこざ、重慶国民政府との和平（繆斌工作）など諸原因で四月五日、総辞職の已む無きに至ったのであった。

4. 鈴木内閣における終戦工作

天皇陛下は、昭和二十年四月五日夜、海軍大将・枢密院議長鈴木貫太郎男爵に小磯内閣の後継として、『卿《きょう》に組閣を命ず』と大命を下した。鈴木大将は、昭和四年一月から昭和十一年の二・二六事件で重傷を負った後の十一月二十日まで八年間、侍従長として天皇陛下の身近に仕えた。

鈴木大将は、「聖旨、誠に畏れ多く承りました。ただこの事は何卒拝辞の御許しをお願い致したく存じます」と言った。すぐ後、陛下は、莞爾《かんじ》として仰せられた。『鈴木がそういうであろうことは、想像しておった。鈴木の心境もよくわかる。ただし、この国家危急の重大な時機に際して、もう他に人はない。頼むから、どうか枉《ま》げて承知してもらいたい』と仰せになり、七十七歳の鈴木大将を任命したのであります。

その翌朝十時頃、迫水久常が大蔵省銀行保険局長室にいると、岳父の岡田啓介大将から電話があり、「私は今、鈴木大将の組閣本部にきているのだが、組閣の手伝いができる者が周囲に一人もいないから、君はすぐここに来て手伝いをしてほしい」というのである。迫水は内心ためらったというが、岳父の非常に強い要請についに根負けして、時の大蔵大臣津島寿一さんの許しを受けて、組閣本部に入り、手伝いを始めた。

鈴木貫太郎大将は、組閣について万事岡田啓介大将に相談した。鈴木大将と岡田大将とは共に海軍において一年違いの同僚であり、しかも二人とも二・二六事件の生き残りである。また、鈴木、岡田、迫水の三家は親戚である。岡田啓介大将の後妻郁は迫水久常の父久成の妹であり、迫水の妻は岡田大将の二女万亀、そして三女喜美子は鈴木大将の実弟鈴木孝雄陸軍大将（長く靖国神社の宮司を務めた）の二男英《すぐる》に嫁いでいるのである。

鈴木大将は、岡田啓介大将に内閣に入って協力してほしいと要請したのであるが、岡田大将は、迫水久常を内閣書記官長すなわち今の内閣官房長官として、内閣の大番頭に入れることにして、自分は内閣の外から援助するということになった。

そこで迫水は大蔵省銀行保険局長から内閣書記官長に就任し、八月十五日の終戦まで、主として終戦工作に従事した。

四月七日午後十時三十分、満州からの到着が遅れた運輸相と未決定の外相及び大東亜相は暫定的に適時兼任として、鈴木内閣の親任式が次の通り行われた。

内閣総理大臣兼外務大臣	鈴木貫太郎
兼大東亜大臣	
内務大臣	安倍源基
大蔵大臣	広瀬豊作
陸軍大臣	阿南惟幾
海軍大臣（留任）	米内光政
司法大臣（留任）	松阪広政
文部大臣	太田耕造

厚生大臣　岡田忠彦
農商大臣　石黒忠篤
軍需大臣兼運輸通信大臣　豊田貞次郎
国務大臣（情報局総裁）　下村宏
同　左近司政三
同　桜井兵五郎
内閣書記官長　迫水久常
法制局長官兼綜合計画局長官　村瀬直養

続いて四月九日に、外務大臣兼大東亜大臣東郷茂徳の親任式を行い、四月十一日に運輸通信大臣小日山直登及び国務大臣安井藤治の親任式がそれぞれ行われた。また四月十六日には陸軍中将秋永月三が現役のまま綜合計画局長官に選任された。

組閣後、鈴木首相が大宮御所に奉伺すると、皇太后（貞明皇后）は鈴木に椅子を賜い、

「今、年の若い陛下が国運興発の岐路に立って、日夜苦悩されている。もともと陛下としては、この戦争を始めるのは本意ではなかった。それが、今は敗戦に次ぐ敗戦を以てし、祖宗にうけた日本が累卵の危機に瀕している。鈴木は陛下の大御心を最もよく知っているはずである。どうか親代わりになって、陛下の苦悩を払拭してほしい。また、多数の国民をの苦しみから救ってほしい。お頼みする」

と、両頬に涙をお流しになりながら仰せられた。皇太后であっても政治に口出しはできないのである。それまでの皇太后は、ひとりで思い悩んでおられた。そこへ、かつて侍従長であった鈴木が組閣の大命を拝受したので、つい誰にも言われなかった御言葉を仰せになったのであろう。鈴木としては、「たとえ天皇の親であっても、子供のことを思う母親の気持ちをつくづく知る」のであった。しかも「親代わりとなって」とは何と勿体ない御言葉だろうと、鈴木は皇太后の御気持ちを察して涙なくしては聞けなかったという。

鈴木内閣が成立する前日の四月六日、海軍は沖縄周辺にいる米艦隊に対し、最後の決戦に挑んだ。連合艦隊司令長官の豊田副武大将は、最後まで温存していた艦艇を集めて第一遊撃《ようげき》隊を組織し、沖縄海域への特攻突入を命じた。いわゆる天一号作戦である。戦艦武蔵とともに海軍が誇っていた六万四千トンの巨艦「大和」は、巡洋艦「矢矧《やはぎ》」と八隻の駆逐艦に護られて出撃した。戦艦「大和」は山口県三田尻港から出て行ったが、南下を始めて間もなく、豊後水道で早くも敵の潜水艦に発見された。

翌七日宇垣纏《まとめ》中将の率いる海軍航空隊の護衛のもと、更に南下を続けた。昼過ぎ、米軍の航空隊はスプールアンス大将の指揮する航空母艦群から飛び立ち、鬼界ヶ島附近で「大和」を発見した。直ちに二百機ないし三百機の爆撃機、戦闘機が二時間も執拗に襲いかかり、二十本もの魚雷の命中を受け、あえなく午後二時三十三分「大和」は海の底に沈んだ。

『昭和天皇実録』には、「四月七日午後三時過ぎ、沖縄突入の海上特攻隊の第四十一駆逐隊司令より、海軍大臣・軍令部総長に対し、午前十一時四十一分より数次にわたる敵艦上機大編隊の攻撃を受け、大和・

矢矧・磯風が沈没、浜風・涼月・霞が航行不能、その他各艦多少の損害あり、冬月・初霜・雪風は救助の後、再起を計るべき旨を報じる電信が接到する。翌八日午後五時、大本営は、我が特別攻撃隊航空部隊並びに水上部隊が四月五日夜来、沖縄本島周辺の敵艦船並びに機動部隊を反覆攻撃し、特設航空母艦二隻ほかを撃沈又は撃破したが、我が参加部隊のうち戦艦一隻、巡洋艦一隻、駆逐艦三隻が沈没した旨を発表する」と記録されている。

これによって、海軍の戦闘能力は潰滅していたが、四月十二、十三の両日、特攻機二百二十機を含む三百九十二機を繰り出して決戦を挑んだ。戦果は敵の艦船四十七隻を撃沈と報ぜられたが、戦後発表された米国の資料によると、十七隻とされていた。どちらにしても〝無敵海軍〟はここに終焉したのである。

四月十二日に米国のルーズベルト大統領が病死し、トルーマン副大統領が大統領に就任した。

組閣後早々、鈴木首相は迫水書記官長に、「本当の国力を調べてくれ、どこまで戦争をすることが出来るか」と下命があった。

この調査の結果、日本の生産の実態は、発表されている諸種の統計よりも、はるかに悪いものであることが明らかになった。

「鉄の生産量は月産十万トンに満たず、予定量の三分の一程度すら及ばず、飛行機の生産の如きは予定数の半分程度である。外洋を航海しうる船舶は、どんどん撃沈せられる一方、その補充はつかず、傾向線をたどると、年末には零の点に達すると見込まれる。そのために海外より原料補充しなければならない油やアルミニウムは、その生産が激減し、ガソリンの代わりに松根油を用い、海軍の艦艇すら燃料に重油と大豆油とを混用する有様であり、アルミニウムは、九月以降には計画的な生産の見込みが立たない。石炭は生産低下と輸送難で、工業中心地の工場は相当数運休に至る。大陸からの工業塩が来ないから、ソーダを基礎とする化学工業生産は加速度的に低下しており、このままだと本年中期以降は、軽金属、人造石油、火薬、爆薬の確保は困難になる。液体燃料はもはや自給以外になく、中期以降は、戦争の遂行に重大な差し支えがくる、という状況である。空襲による本土の被害は全く予想以上に大きく、B29一機当たり平均の焼失戸数は二百七十戸余りであり、この状況で行けば九月末までには全国の人口三万以上の都市にある家の総数に相当する戸数の家が皆無くなってしまう計算である」

要するに、日本の生産は九月まではどうにかこうにか組織的に運営されるであろうが、それから先は全く見当がつかないということが判った。

そういう調査であったが、一方ヨーロッパ戦線はどうなっているかを知る必要があろう。

同年三月七日、米軍がレマーゲン附近でライン渡河に成功、ベルリンへの破竹の進撃に移った。東方より進攻するソ連軍は四月十三日、ウィーンを占領、同二十三日、その戦車隊の先頭がついにベルリン市街に突入、西側からの米英などの連合軍とともに惨烈な市街戦を展開していた。

四月二十八日、イタリアのムッソリーニ総統が処刑され、イタリアは完全に敗戦した。

同三十日、ヒトラー総統は、総統官邸の地下壕で自殺し、五月七日にベルリンが陥落して、ついにナチス・ドイツは完全に崩壊した。これによって、欧州における戦争は終わりを告げた。

しかしソ連は、その軍隊を自国に復員させることなく、兵力をどんどんソ満国境に集め始めて、その状況では九月末までに何時でも満州国に侵入し得る態勢が整うであろうと判断された。

先程の調査の話とソ連の動向を考え合わせると、結論は、九月までに何としても戦争の結末をつけなければならない、ということである。

調査の素案は五月半ばに出来上がり、迫水書記官長は詳細を鈴木首相に報告したところ、鈴木首相は、この結論を得て意を決した。六月六日午前九時からの最高戦争指導会議において、阿南惟幾陸相、米内光政海相、東郷茂徳外相、梅津美治郎陸軍参謀総長、豊田副武海軍軍令部総長という正規メンバーの他に、石黒農商相、迫水書記官長ら幹事で、午後六時まで審議され、戦争終結の方途についてもいろいろと協議された。

その中で、東郷外相が極力反対したのに拘わらず、ともかくソ連に対してもう一度日米間の仲裁をしてくれるかどうかを打診してみようということになり、当時箱根に疎開していたソ連のマリク大使に対し、広田弘毅元首相に依頼して密かに接触打診していた。

当時海軍はその艦艇も飛行機もその殆ど全部を失っており、終戦論に傾いていた。

陸軍は、戦争継続の意向が強く、ただ一部には早くやめてほしいと考える人もいた。

現に、参謀本部第二課という作戦の一番中心にいた瀬島龍三中佐が、四月中旬密かに迫水書記官長のところにやってきた。

この瀬島龍三の妻は、二・二六事件で岡田首相の身代わりになった松尾伝蔵大佐の長女である。その松尾伝蔵大佐の長男である新一陸軍大佐の妻は、迫水書記官長の妹であり、義理の兄弟なので、瀬島は迫水のことを「兄さん、兄さん」と呼んで親しんでいた。

瀬島は、終戦直前の七月一日付で、大本営参謀から満州国の関東軍参謀と満州赴任の辞令を受けた。その時、参謀本部の柴田芳三総務課長から、「長く作戦課に勤務し、この間連合艦隊との陸海両軍共同作戦にも携わってもらったが、満州方面の情勢は楽観を許さず、また、近く陸軍中佐竹田宮恒徳王殿下が関東軍より第一総軍（東京）へ転任されるので、その後任として貴官が発令されることになった」と説明された。そして、七月十日満州に向かった。

八月八日夜半からのソ連機の爆撃で満州・関東州は「ソ連の対日参戦」に遭い、戦闘状態に入った。

八月十五日正午、天皇陛下の「玉音放送」を聴き、人々は終戦を知るのであった。

九月六日、瀬島中佐は関東軍の将官、幕僚ら五十数人と武装解除の上、ソ連軍用機二機に分乗させられて新京（現長春）飛行場を飛び立った。瀬島はその時の心境を、「ハルビン上空を通過する時、北満の大平原の西の地平線に真っ赤に焼けた夕日が沈むのを見て、万感胸に迫り、思わず『国敗る大満州の夕陽かな　嗚呼　国破れ関東軍潰《つい》え　我が事終れり』と手帳に書いた」と述べている。

そして、ソ連へ強制連行されて、「重労働二十五年の刑」を言い渡され、抑留生活の辛酸をなめさせられた。その間昭和二十一年秋に、東京裁判のソ連検察側証人として出廷するため日本に一度帰って来たこともあったが、昭和三十一年八月十九日に日本に帰国できるまで十一年間抑留されたのである。

彼はその後、伊藤忠商事に入り、副社長、会長を歴任し、東京商工会議所副会頭・日本商工会議所特別顧問ともなり、財界人としても大きく活躍した。また、亜細亜大学理事長、そして臨時行政調査会の土光敏光会長の下で、名参謀役として国の行財政改革に辣腕を振るった。さらに山崎豊子氏の小説『不毛地帯』の主人公「壱岐正《いきただし》」のモデルとなり、テレビドラマにもなった。

瀬島は、「いかに計算をしましても戦争は絶対に勝ち目はないから、兄さん（迫水）が書記官長になられた機会に、絶対に戦争を止めてくれ、鈴木大将も大体そういうような考えで総理大臣になっておられると思うけれども、今日はそのことを秘密にお願いにきました」と言いに来たのである。

参謀本部の種村佐孝中佐や陸軍省軍務局の大西課長補佐など「本当にもう戦争をやれない、早く戦争を止めなくては」という立場をとった人々は、終戦直前六月頃から全部満州へ転移動させられ、そのためソ連の抑留者になってしまった。

その後、瀬島龍三中佐は、沖縄戦を陸海軍の兵力を一元的集中して戦う方針に基づき、大本営陸軍参謀、海軍参謀兼連合艦隊参謀という三つの肩書で、鹿児島県鹿屋の連合艦隊基地に勤務していた。ついに沖縄陥落となり、その報告のため六月二十七日東京に帰った。そのころ近所に住んでいた迫水書記官長から「龍三さんね。明日二十八日、どうしても貴方に会いたい。申し訳ないが、軍服でなくて略服で夜中零時に来てくれ」との電話が入り、翌日二人は会った。

迫水書記官長は、「龍三さん、大本営政府連絡会議などの公式会議においては、陸軍大臣や海軍大臣も、参謀総長や軍令部総長も皆、本土決戦をやって戦争を継続すべきだという意見ですが、本土決戦の勝ち目はあるのか。貴方の本音を聞きたい」と質問をした。

瀬島中佐は、「ご希望通り、僕個人の本音を申しましょう。迫水さん、本土決戦に勝ち目はありません。

なんとなれば本土決戦はアメリカにとっては上陸作戦で、日本にとっては上陸防御です。上陸作戦も上陸防御も戦いの勝ち負けを制するのは制空権ですが、陸海軍とも航空兵力は非常に傷んでしまい、上陸作戦で勝ち目を取るだけの力はありません」と、残念の涙を流した。

続いて迫水は、「ソ連はどういうふうに出てくると龍三さんは判断しますか」と質問した。

瀬島は、「遅くも今年の八月、九月までにはソ連は対日参戦してくると思いますよ。私は（昭和）十九年の暮れから（昭和）二十年二月まで外交伝書使としてシベリア鉄道で日本とモスクワを往復したことがある。それで、対独戦線のソ連兵力がシベリア鉄道でどんどん東走されているのを現実にこの目で見たんです。すでにソ連は対独戦線から対日戦線に方針を変えておると僕は判断していた。ただ、シベリア鉄道の輸送力から考えて、極東に兵力が集中されるのは八月から九月ぐらい、遅くても北満の天候気象から考えて、十月になれば寒くて戦ができなくなるので、それまでの間にソ連は満州に出てくると思う」と答えた。

次に迫水は、「龍三さん、仮に政府なり国家なりが終戦の命令をここで出したならば、陸海軍の第一線はそれに従うでしょうか」と聞いた。

瀬島は、「戦勢は悪いけれども、わが国の軍隊は陛下の軍隊であって、陛下の御命令があればそれに従うと思います。承詔《しょうしょう》必謹《ひっきん》と思います」と答えた。

最後に迫水は、「龍三さん、本当にありがとう。今日のお話は非常に有益だった。鈴木首相に報告をして政府としては最善の努力をして終戦を急ぎましょう」と言ったのである。

一方、沖縄の守備隊は、昭和二十年五月四日全兵力を結集して最後の攻撃を決行したが、米軍の砲撃に遭い損害を大きくしたので、その後は陣地に立て籠もりながらの持久戦による抵抗を続けたが、もはや積極的な攻撃力は残っていなかった。

それでも、五月二十三日の夜、鹿児島県鹿屋の飛行場を発進した義烈空挺隊の決死部隊は、沖縄の北及び中飛行場に強行着陸して、数日間占領し、米軍の使用を不能ならしめたが、後続の増援部隊なく、この空挺部隊は玉砕してしまった。

海軍でも、六月十三日、十四日の両日、全員突撃を敢行した太田実少将とその幕僚たちは自決した。陸軍の残存部隊も六月十七日には絶望的な状態に陥った。そこで、第三十二軍司令官牛島満《みつる》中将は、各方面に別れの電報を打ち、二十三日の朝、海岸に面する坑道陣地の入り口で、参謀長の長勇《ちょういさむ》中将とともに自刃して果てた。米軍上陸以来八十三日間、軍人、住民ともに大奮闘、全島一丸となって言語を絶する激しい攻防を展開したが、力尽き、凄まじい惨状を残して死闘は終わった。日本軍の死者十万人、一般人十五万人が戦火に斃《たお》れた。

ここで、更に胸の痛む「ひめゆりの塔」の女学生の話をしなければならない。

昭和二十年三月、軍の要請によって沖縄師範学校女子部と沖縄県立第一高等女学校の女子生徒三百二十名で、いわゆる「ひめゆり部隊」を組織した。そして南風原病院に特志看護婦として配置され、地下水の沁みる壕内で看護活動を続け、食事の世話から遺体の処置まで、十七、十八歳の健気な乙女が行ったのである。ところが敵の米軍に壕を包囲されてしまった。一歩も外に出ることもできず、自決する者や、米軍が撃ち込んだガス弾によって、生徒二百十一名と職員十六名が無残にも命を落とした。この悲劇、この無念さを慰霊するのが「ひめゆりの塔」である。

六月八日に御前会議が開かれ、六日の最高戦争指導会議で審議された「国力の調査報告」の件が諮られた。内閣側は終戦の方向を考え、陸軍側は本土決戦の方向を考えており、なかなか論議がまとまらなかった。結局、今後のとるべき戦争指導の基本大綱として、「七生尽忠の信念を源力とし、地の利、人の和をもってあくまで戦争を遂行し、もって国体を護持し、皇土を保衛し、征戦目的の達成を期する」との方針が決まった。

その要領は次の通りである。

一、速やかに本土の戦場態勢を強化し、皇軍の主戦力をこれに集中する。その他の地域における戦力の配置は、我が実力を考え、敵米国に対する戦争の遂行を主眼とし、かねて北辺（ソ連）情勢急変を考慮するものとする。

二、世界情勢変転の機微な情勢と睨み合わせて、対外諸政策、特に対ソ支施策の活発強力なる実行を期し、もって戦争遂行を有利ならしめる。

三、国内においては挙国一致、本土決戦に即応しうる如く、国民戦争の本質に徹する諸般の態勢を整備する。なかんずく、国民義勇軍の組織を中軸とし、ますます全国民の団結を強化し、いよいよ戦意を昂揚し、物的国力の充実、特に食糧の確保並びに特定兵器の生産に、国家施策の重点を向ける。

四、本大綱に基づく実行方策は、それぞれ、担任に応じ具体的に企画し、早急にこれが実現を期する。

しかし、この御前会議の〝戦争完遂の決定〟について、東郷外務大臣は「この決定に頭を悩まし、あれが残っている限り、具体的には仕事が進められん」と言っていたこともあり、木戸内大臣を通じて天皇陛下に、「これを解除して頂かないと、この先和平工作を進めるのが難しくなりますので、お召しを頂いて、やってよろしゅうございますか」と上奏したところ、『それでよろしい』と仰せられた。

かくして、六月二十二日午後三時に、天皇陛下は、先日の最高戦争指導会議のメンバーであった首相、陸相、海相、外相の四大臣と陸軍参謀総長、海軍軍令部長を加えた六人を召集した。

これまでの御前会議と違って、天皇陛下を中心にしてU字型に配置した椅子に座った。それは憲法の定める責任内閣制に抵触しないように配慮したのである。

そこで天皇陛下は、『今日は親しく懇談したい』と仰せられました。

最初に天皇陛下から、『戦争指導について、六月八日の会議では、あくまで戦争を継続するとの方針を決定した。本土決戦について万全の準備を整えなくてはならないことはもちろんであるが、他面、戦争の終結について、この際従来の観念にとらわれることなく、速やかに具体的研究を遂げ、この実現に努力することを希望する。これは命令ではないが、皆はどう思うか』というお言葉があった。

このことの意味は、大元帥としての統帥大権による徹底抗戦の国家決定を、天皇としての国務大権によって和平へと覆そうとしたのである。

立憲君主制の守護神と称された元老西園寺公望公は、秘書の原田熊雄に、「天皇」と「大元帥」の関係について、次のように述べている。

「陛下は天皇であると同時に大元帥である。世間ではよく大元帥＝天皇というように考えているようだが、大元帥は天皇の有せられる一つの職分であって、大元帥＝天皇ということではないのである」

今まで誰もが公然と〝戦争終結〟を口にするのを憚ってきた。それを天皇陛下が御言葉にされたのである。長い沈黙のあと、天皇は、親しそうな視線を鈴木に向けた。

『それでは聞こうか。総理大臣の意見はどうか』

鈴木首相は、穏やかな目差しで応えて、ゆっくり立ち上がった。

「御言葉を拝しましての至りに堪えません。あくまで戦争完遂に努むべきは言うまでもございませんが、また、御言葉のようにこれと並行して外交的な方法をとることを必要と考えております。その点につきましては、海軍大臣よりご報告させます」

突然バトンを渡された米内海軍大臣は、「これは外務大臣から奉答申し上げるのが順序かと存じますが、便宜上私から申し上げます」と言って、五月中旬に既に対ソ問題について最高戦争指導会議で討議したことを報告し、ソ連をして戦争終結の仲介をさせることに六人の意見一致をみたこと、その時期をいつにするかについては、状況をよく見守った上で決定することを奏上した。

次に、東郷外務大臣が指名され、米内海軍大臣の説明を補足し、たとえ相当の危険が予想されようとも、ソ連の仲介による和平工作以外に方法がないと奏上した。

天皇陛下は重ねて聞かれた。

『では、外交的解決の日取りは、いつごろに予定しているのか』

東郷外務大臣は、「連合国首脳によるポツダム会議が七月半ばに開かれるので、そのことを考慮すれば、七月の初めには、何とか和平の協定に達したいとの存でおります」と答えた。

天皇陛下は視線を移して、『軍部はどう考えているのか』と仰せになった。

梅津参謀総長が直ちに答えた。

「海軍大臣のご説明申し上げました通り、われらも意見の一致をみました。ただ、和平提唱は内外に及ぼす影響が大でございますので、実施には慎重を要するものと考えます」

天皇陛下の追及は厳しかった。

『慎重を要するのはもちろんであるが、そのために時機を失うようなことはないのか』

梅津参謀総長は逃げられず、「はい、そのためにも速やかなる外交交渉を要すと考えます」と奏上するほかはなかった。

阿南陸軍大臣は一言、「特に申し上げることはございません」と答えたのみであった。

このように六人の巨頭は、天皇陛下の御言葉に対し異存なき旨を奉答し、御前会議は三十五分で終わった。

陛下が御退室されたあと、鈴木総理が立ち上がって、次のように言った。

「今日は思いがけない御言葉を拝しました。われわれが口に出すことを憚らなければならないようなことを、陛下が仰って下さった。誠にありがたいことである。今後は、この六人が集まって十分にその方策を練ることとしたい」

阿南陸軍大臣は、即座に「賛成です」と打てば響くように言った。続けて「しかし、これは極秘にしなければなりません。陸軍の若いものは自分たちの考えのみが正しいと思い込んでおります。陛下が終戦の決意を遊ばされるのは、側近に騙されておるため、としか考えませんから……」と率直に言った。

確かに、この天皇陛下の御言葉が、もし軍部、特に陸軍の将校や下士官に漏れると、二・二六事件を上回るクーデターが起こる恐れがあるので、極秘にしてこの六人でのみ工作していこうとなり、その後連日、六巨頭の会議が開かれた。

『昭和天皇実録』には、このことについて次のように記録されている。

二十二日午後三時五分、表拝謁ノ間に最高戦争指導会議構成員の内閣総理大臣鈴木貫太郎・外務大臣東郷茂徳・陸軍大臣阿南惟幾・海軍大臣米内光政・参謀総長梅津美治郎・軍令部総長豊田副武をお召しになり、懇談会を催される。天皇より、戦争の指導については去る八日の会議において決定したが、戦争の終結についても速やかに具体的研究を遂げ、その実現に努力することを望む旨を仰せになり、各員の意見を御下問になる。首相より戦争終結の実現を図るべきこと、ついで海相より戦争の終結に関して我が方に有利な仲介をなさしめる目的を以て日ソ両国間に協議を開始すべきこと、また外相はソ連邦に対する代償及び講和条件については相当の覚悟を要すべきこと、さらに参謀総長より対ソ交渉に異存は無きも、その実施には慎重を要することなど、それぞれ意見の言上あり。天皇は重ねて参謀総長に対し、慎重を要するあまり時期を失することなきやとお尋ねになり、速やかな交渉の実施を要する旨の奉答を受けられる。

政府は、六月初めから広田弘毅元首相を煩わせて、ソ連のヤコブ・マリク大使との接触を図っていたが、東郷外務大臣としては、実のところソ連をあまり信用していなかった。

六月下旬、鈴木首相は、ソ連を仲介役として和平工作に入る方針を公式に決めたが、その時でさえ、東郷外務大臣は迫水書記官長に、次のように言っている。

「日本が本当に和平を考えるなら、ソ連に仲介を頼まないで、米国と直接交渉するのが一番よい。軍の連中は、米国に対して直接和平の話を切り出すと、無条件降伏を強制されるということを恐れているのであろうが、もし、仲介者を立てるならば信用の置けないソ連に話を持っていかないで、中国の蔣介石などに頼んだ方がよいと考えている」

もちろん、軍部としては軍部の思惑があった。ソ連に仲介を頼めば、これまでの日ソ関係が少しでも友好的になり、ソ連が大東亜戦争に介入することを回避する効果もあるだろうと考えていたのである。

六月二十八日、東郷外務大臣は、モスクワの佐藤尚武大使に対して、次のような訓電を発した。

「今月初めから広田元首相に頼んでマリク駐日大使と何回か会ってもらったが、事態はなかなか進展しない。ソ連の政府関係者がどのような考えでいるのか、少しもわからないので、はっきりした回答をもらってほしい。日本政府としては、この際、有力な人物を特派大使として派遣し、我が方の真意を伝えるとともに、スターリン書記長の気持ちも確かめたいと思っている。特派大使には元首相の近衛文麿公爵を起用する予定なので、よろしく頼む」

ところが、佐藤大使からの返事はなかなか来なかった。鈴木首相は気が気でないらしく、七月初め、迫水書記官長に、「迫水君、外交というものは、思ったより時間がかかるものだね。東郷外務大臣は、先方の腹つもりを探るためには、しばらく時をかけなければいけないし、こちらの準備が十分でなかったら、よい結果が得られないので、慌てなくてもよいと言っているが、外務省はいったい何をしているんだろうね」と、溜め息をついて言った。

思うように進展しないことに対し、天皇陛下も随分ご心配になっておられ、七月三日に藤田尚徳侍従長に催促した。

『対ソ交渉はその後どうなっているのか。木戸に聞くように』

早速、藤田侍従長は、病で臥せていた木戸内大臣を訪ね、陛下の御言葉をお伝えしたところ、「私は動けない。この上は陛下より直接に首相に対してご督促遊ばされるのが、一番いいと思う」とのことであった。

これを受けて、天皇陛下は、七月七日に鈴木首相をお召しになり、このように仰せになった。

『鈴木のことだから信頼はしているが、ソ連から何の回答もないらしいが、その後の交渉はどうなっているのか。難しいであろうことはわかっている。しかし、ソ連の腹を慎重に探るといっても、今は大事な時で、時期を失したら、せっかくの努力が水の泡になる』

途中から天皇陛下は椅子から立ち上がると、一歩前に進まれた。鈴木首相は一歩退きながら、低く頭を下げ、「ごもっともでございます」と言った。

天皇陛下は更に一歩進んで言われた。

『この際、まわりくどい方法を排して、むしろ率直にありのままにソ連政府に和平の仲介を頼むようにしてはどうか。そのためにスターリン書記長には私が親書を書こうと思っているので、一日も早く特使を派遣するようにした方がよいと思うが、どうか。鈴木、もう下がらんで答えよ』

鈴木首相は、止まり、ほっとして天皇陛下を見ていった。

「陛下のそこまでのご決心、誠に有難く、恐懼《きょうく》に堪えません。ちょうど本日、外務大臣をして近衛公爵のもとに遣わし、特使就任を依頼する手はずになっております。外務大臣はただいま軽井沢に向かっております」

この報告に、天皇陛下は喜んだ。

『それはよい。この上とも急ぐように』

天皇陛下と鈴木首相の想いは一致していたのである。

それから三日後の七月十日には、早朝から東京とその周辺は、米機動部隊艦載機による空襲に見舞われた。その午後五時、首相官邸の地下防空壕において、最高戦争指導者会議が開かれた。

鈴木首相は、皆に陛下のお気持ちを伝え、ソ連へ特使を派遣することを決めた。ただ誰にするかについては、近衛公の名前が挙がっただけで、本決まりになったわけではなかった。近衛公が上京してきたのは、七月十二日の朝であった。木戸内大臣は、この時のことを『木戸日記』に次のように書いている。

午前九時二十分、突然鈴木首相が来訪。「対ソ特使の人選については、外相とも種々相談したるが、この際近衛公を煩わせたいと思う。ついては、近衛公には昨日上京せられるはずなりしゆえ、自分より進めたく思いおりしが、今朝上京せられる由にて、一刻を争う今日、とやかくと進めるよりも、かえってお上よりご下命というか、ご委託になる方が近衛公にとっても名誉であり、よかしからんと存知、その旨今朝内奏したし……」。

右につき、「今日はすでにお上ご自身お乗り出しになりおり、ご親書うんぬんとまでのご決心なれば、かえつてそれもよろしからん」と同意する。

午後三時十五分、退下ののち、来室。大要左の如き話あり。「陛下より戦争終結についての意見につきお尋ねあり。よって最近、陸軍よりたびたび人が来たり、戦争遂行につき説明あるも、その用いる数字が間違いなければともかく、一方、海軍方面の説明によれば、必ずしも信をおくあたわず。一方、民心は必ずしも高揚せられあらず。お上におすがりして何とかならぬものかとの気持ち横溢《おういつ》しおり、また、お上をお憾《うら》み申すというがごとき言説すら散見する状態にあり、ソ連に使いしてもらうことになるやも知れざるゆえ、そのつもりにとの仰せあり、謹んでお受けせり。

この後、天皇陛下は木戸内大臣をお召しになり、近衛公のことについて次のように仰せられたと『木戸日記』に書かれている。

『近衛に対し、だいたい自分の考えを話して、近衛の戦争見通しに対する意見を尋ねたところ、この際終結の必要を説いていたから、ソ連に行ってもらうかも知れぬからと言ったところ、第二次近衛内閣のとき、苦楽をともにせよと言ったことを援用して、こういう際ゆえ、御命令とあれば身命を賭して致しますとはっきり受けた。今度は近衛もだいぶ決意しているように思う』

宮城から退出した近衛公は、鈴木首相、東郷外務大臣らに会い、ソ連への特使を引き受けたことを報告した。そこで、外務省は同八時、在モスクワの佐藤尚武大使宛に次のような電報を打つとともに、マリク駐日ソ連大使にも同じような趣旨を本国政府へ伝えてもらうよう申し入れた。

モロトフとの会談電報に接せず。したがって、偵察十分ならずして兵を進むるきらいあるも、この際に歩武を進め、三国会談開始前にソ連側に大使、戦争終結に関する大御心を伝えておくこと適当なりと認めらるるについては、左記の趣旨を合わせ、直接モロトフに説明せられたい。

天皇陛下に於かせられては、今次戦争が交戦各国を通じ、国民の惨禍と犠牲を日々増大せしめつつあるをご心痛あらせられ、戦争が速やかに終結せられんことを念願せられおる次第なるが、大東亜戦争において米英が無条件降伏を固執する限り、帝国は祖国の名誉と生存のため、一切を挙げて戦い抜くほかはなく、これがため、彼我交戦国民の流血を大ならしむるは誠に不本意にして、人類の幸福のため、なるべく速やかに平和の克服せられんことを希望せらる。

なお、右の大御心は民草に対する仁慈のみならず、一般人類の福祉に対する思し召しに出づる次第にして、右ご趣旨をもってするご親書を近衛文麿公爵に携帯せしめ、貴地に特派使節として差遣せらるるご内意なるをモロトフ外相に申し入れ、右一行の入国方につき、大至急先方の同意をとりつけらるるよう致されたい。右一行の氏名は追って電報すべし。なおまた、同使節は貴地首脳部が三国会談に赴く前に貴地に到着するは不可能なるも、その帰国後は直ちに面談のことにとり運ぶ要あるにつき、なるべく飛行機によることと致したく、先方飛行機を満州里またはチチハルまで乗り入れるようお取りはからいを得たし。


この訓電を受け取った佐藤大使は、ソ連のモロトフ外相に直ぐ会いたいと申し出たが、今は忙しくて都合がつかないので、外務次官のロゾフスキーに用向きを伝えてくれと返事してきた。また、天皇陛下のメッセージは、ソ連の誰に宛てたものかもわからないし、特派使節を送るとはいっても、何のために来るのか具体的な条件がつけられていないなどと言って相手方は回答を渋った。しかも、スターリン、モロトフらは、その晩の列車で米英ソの三国会談が開かれるベルリンへ向けて出発する予定になっていた。

それでも、佐藤大使はソ連側に食い下がり、特派大使とソ連首脳部との会談は、彼らが三国会談が終わってモスクワへ帰ってきてからになると思われるので、ベルリンへ電話してでも交渉を進めたいと主張した。佐藤大使は、その後も留守番役のロゾフスキー外務次官に何度もかけあってみたが、これといった具体的な回答は得られなかった。
佐藤大使は、東郷外務大臣宛に何通も長文の電報を打ってきているが、その中で情勢判断の的確な一つを取り上げてみよう。

ソ連が日本と米英との間に立って和平の斡旋をしてくれると思うのは、余りにも観測が甘すぎる。おそらく、絶望的ではないだろうか。これまでの日本とソ連との関係やソ連と米英の間柄を考えてみるとよくわかる。ソ連は、戦争が終わったあとの利害をちゃんと計算しているので、和平の斡旋には乗り出さないような気がしてならない。ソ連と米英とは、もともと政治体制上相容れないものがあるので、戦争が終わった暁には、ソ連が日本をして米英に対する防波堤的な役目を果たさせるため、弱体化されないという見方もあるようだが、それはあまりにも皮相的な考えである。

ソ連は、我方の申し入れに対して、いろいろと質問してきた。その中には、もしソ連が仲介をした場合は、日本はソ連に対していかなることをしてくれるのか、いわば仲介手数料はいくらくれるのかというようなことも言ってきたのであった。
鈴木首相も東郷外相も一日千秋の思いで、ソ連からの回答を待ち続いていたが、七月中旬になってもなかなか来ないので、いろいろと検討した末、七月二十一日、佐藤大使宛にもう一度、次のような電報を打った。

日本政府としては、いかなる場合といえども無条件降伏を受け容れるわけにはいかない。ただ、戦争が長引けば、敵も味方も出血がひどくなるのは明らかである。もし、連合国側が無条件降伏を強制するようなことがあれば、日本国民は一丸となって敵に当たる覚悟である。しかしながら、天皇陛下の大御心に従い、そのように悲惨な事態を招かないようにしたいと思うので、ソ連の斡旋によって、この際、敵方のいわゆる無条件降伏に近い提案を呑むつもりでいる。こうした日本政府の意図を米英両国に理解させる必要がある。ソ連に無条件で和平の斡旋を頼むのは難しいかも知れないが、今、直ちに具体的な条件を示すことは対国内の問題や対外関係を考えて不可能であり、かつ不利でもあるので、近衛公爵を直接モスクワへ派遣して、陛下の思し召しによる我が方の具体的な意図をソ連側に伝えるとともに、東亜におけるソ連の要求などを睨み合わせながら話し合いをし、米英両国に当たらせようと考えているわけである。

我方としては、ポツダム会議の状況を注視しながら、とにかくソ連の回答をひたすら待っていた。このポツダムの連合国首脳会談では、日本が全く知りようもない二つの重要な決定がなされた。その一つは、米国のトルーマン大統領が、グルー国務次官が起案してバーンズ国務長官に手渡した宣言案の中の第十二条の後半部分の「天皇に関する文章」を削除したのである。

それは、天皇の問題について連合国の参謀総長の間で細かく検討された。

英国のアラン・ブルック元帥は、「アジアの各地に散在している日本軍に対し、降伏命令を下すことのできる者は天皇の他にない。天皇の地位の歩哨をはっきり宣言に盛り込んだ方がいい」

しかし、マーシャル参謀総長は反対だった。「戦闘が完全に停止されるまでは、天皇制の問題には触れない方がよい」

そこでトルーマン大統領は「天皇に関する文章は一字も入れないことにしよう」と決断した。

もう一つ重要な決定とは、「原爆の投下」の決定が行われていたのである。

七月二十四日午後六時三十分、マンハッタン計画（原爆製造計画）の総指揮官レスリー・グローブス少将が、正式に作成された原爆投下命令書の写しをポツダムへ送り、大統領の承認を求めた。

「第二〇空軍五〇九爆撃隊は、一九四五年八月三日頃以降、天候が目視爆撃を許す限り、なるべく速やかに、最初の特殊爆弾を次の目標の一つに投下せよ。目標は、広島、小倉、新潟及び長崎……」

七月二十五日朝、ポツダムよりの至急報がワシントンの国務省に届いた。

「陸軍長官はグローブス命令案を承認す」

原爆投下命令は、トルーマン大統領、スチムソン陸軍長官、マーシャル参謀総長、アーノルド陸軍航空軍総司令官らの証人を得て発動された。

この歴史的な「二つの真実」を、日本は当然知ること能《あた》わず、何の芸当もできずに、哀れにもただひたすらソ連からの返事を待ち続けるしかなかった。

そして、突然「運命」が訪れた。七月二十六日、米英支の三国の共同宣言の形で『ポツダム宣言』が発表されたのである。その全文は次の通りである。

ポツダム宣言

一、われわれ合衆国大統領、中華民国主席およびグレート・ブリテン国総理大臣は、われらの数億の国民を代表し、協議の上、日本国に対し今次の戦争を終結する機会を与えうることに意見一致せり。

二、合衆国、英帝国及び中華民国の巨大な陸、海、空軍は、西方より自国の陸軍、空軍による数倍の増強を受け、日本国に対し最終的な打撃を加える態勢を整えた。これらの軍事力は、日本国が抵抗を終止するに至るまで、日本国に対し戦争を遂行するいっさいの連合国の決意によって支持せられ、かつ、鼓舞されるものである。

三、決起した世界の自由な人民の力に対する、ドイツ国の無益かつ無意義な抵抗の結果は、日本国民に対するその先例を極めて明白に示している。現在、日本国に対し集結しつつある力は、抵抗するナチスに対し適用せられた全ドイツ国人民の土地、産業及び生活様式を必然的に荒廃させた力に比べ、計り知れないほど強大なものを持っている。われわれの決意に支持せられるわれわれの軍事力の最高限度の使用は、日本国軍隊が避けることのできない完全な壊滅を意味している。また、必然的に日本国本土の完全な破壊を意味している。

四、無分別な打算によって、日本帝国を滅亡の淵に陥れたわがままな軍国主義的な助言者の手で日本国が引き続き統御される方がよいか、あるいは、理性の路を日本国が踏む方がよいかを、決定すべき時が今来ている。

五、われわれの条件は、次の通りである。われわれはこの条件から離脱することはない。これに代わる条件はない。われわれは、遅延を認めない。

六、われわれは、無責任な軍国主義が世界から駆逐されるまで、平和、安全および正義の新しい秩序が生まれないことを主張しているので、日本国民を欺き、世界征服ができるかのような過ちを犯した者の権力および勢力を永久に除去するものである。

七、このような新しい秩序が建設され、かつ、日本国の戦争遂行能力が破壊されたという確認があるまで、連合国の指定する日本国領域内の諸地点は、われわれがここに示す基本的な目的の達成を確保するためにも占領する。

八、カイロ宣言の条項は履行されなければならない。また、日本国の主権は、本州、北海道、九州および四国とわれわれが決める諸小島に局限される。

九、日本国の軍隊は、完全に武装を解除されたのち、おのおの家へ帰り、平和的、かつ、生産的な生活を営む機会を与えなければならない。

十、われわれは、日本人を民族として奴隷化しようとしたり、また、国民として滅亡させようとするものではないが、われわれの捕虜を虐待したものを含む一切の戦争犯罪人に対しては、厳重な処罰が加えられる。日本国政府は、日本国民の間にある民主主義的な傾向の復活強化に対する一切の障害を取り除かなければならない。言論、宗教および思想の自由ならびに基本的人権の尊重が確立されなければならない。

十一、日本国は、その経済を支持し、かつ、公正な実物賠償の取り立てを可能にするような産業を持つことを許される。但し、日本国をして戦争のために再軍備させるような産業は認めない。このような目的のため、原料の入手は許される日本国は将来、世界貿易への参加を許される。

十二、前に述べたようないろいろな目的が達成せられ、かつ、日本国民の自由に表明する意志に基づいて、平和的な傾向を持ち、かつ、責任ある政府が樹立されるならば、連合国の占領軍は、ただちに日本国から撤収する。

十三、われわれは、日本国政府が直ちに日本国軍隊の無条件降伏を宣言し、かつ、誠意ある行動に移れば、適当にして十分な保障を与えることを日本政府に要求する。これ以外の日本国の選択は、迅速かつ完全な壊滅しかない。

この宣言を、日本政府は一字一字慎重に研究した。そして、この宣言を以て日米戦争終結の基準とする外はないという結論に到達し、東郷外務大臣の如きは閣議で、これを承認してはどうかと提言した。

しかし陸軍大臣の主張は、「我方は今ともかくソ連に仲介を頼んで、その返事を待っている所なのだから、その返事が来てから事を決すべきである」というものであり、ひとまずソ連の返事を待つこととし、それまでこの宣言については、我方の見解を何も表明しないという方針に決めた。

これまで米国は、日本に対して、常に国家としての無条件降伏を要求してきた。即ちドイツと同じく、日本は国家を解体して降伏せよというのである。

然るにこのポツダム宣言の条項をよくよく読んでみると、米国の従来の主張とは全く異なり、日本国を認め、そして日本国政府がその宣言に掲げられている条項を実行することを条件として、戦争を終結せしめようという終戦の提案という形をとっているのである。

「unconditional surrender（アンコンディショナル・サレンダー）＝無条件降伏」という言葉は、主権の完全放棄、即ち国家の崩壊を意味する。対してポツダム宣言においては第十三項に、「日本国政府は、あらゆる日本の軍隊が無条件に降伏するように処置をせよ」というような文言はあるものの、それはあくまで戦争終結の条件の一つとして掲げられているのであり、国家としての無条件降伏ということはどこにもないのである。東郷外務大臣は、これはむしろ「有条件講和」であると説明した。

七月二十七日午前十一時、東郷外務大臣は、天皇陛下に拝謁し、ポツダム宣言の仮翻訳を恭しく提出して、説明した。

天皇陛下は、『ともかく、これで戦争をやめる見通しがついたわけだね。それだけでもよしとしなければならないと思う。いろいろ議論の余地もあろうが、原則として受諾するほかはあるまいのではないか。受諾しないとすれば戦争を継続することになる。これ以上、国民を苦しめるわけにはいかない』『近衛にソ連に行ってもらわなくとも、直接に連合国側と交渉できるということは、何かにつけていいのではないか。この際は、戦争終結に力をいたしてもらいたいと思う』と仰せになった。

七月二十八日、鈴木首相は記者会見で、ポツダム宣言に対して「ノーコメント」の意味で「黙殺」という言葉を使った。確かにそれは鈴木首相の口から語られたものであったが、首相自身のものではなかった。情報局総裁を中心に政府側が作成したものである。しかも「黙殺」は「ノーコメント」または「黙過する」程度の軽い意味だったというのが真相であった。

だが、記事を配信した同盟通信は「ignore（イグノア）＝無視する」と訳し、さらに米国内のラジオでは「reject（リジェクト）＝拒否する」とされていった。それが後の原爆投下やソ連の対日参戦を正当化するための口実に使われたのである。しかしそれは米国やソ連の言い訳であることは明らかである。

なぜなら、先程述べたように、原爆投下命令はポツダム宣言の発表以前に発令済みだったのである。ソ連の対日参戦については、二月のヤルタ会談において、ドイツ敗北の三ヵ月後に日本に対して攻撃を開始することをスターリンは確約しており、米英両国も歓迎しているのである。

七月三十一日、テニアン島最前線基地に飛んだマンハッタン計画副司令官ファーレル准将から、「原子爆弾の投下準備はすべて完了した。七月二十五日付で発令された命令は、天候が許すならば、明日にでも実行できるものと当地では解釈している」と、ワシントンに報告されている。

5. ついに、原爆投下

さて、日本政府はソ連からの回答を唯々待ち続けたが、月が替わり八月に入った。

そして八月六日午後、広島からの連絡によって、その日の朝、広島が何か強力な爆弾によって攻撃を受け、全市壊滅したという報告に接したのである。

八月六日の蒸し暑い朝、七時九分、電波探知網は敵の二機を捕捉して警戒警報を発したが、敵機は爆撃せずに上空を転回して飛び去ったので、七時四十分警戒警報を解除した。八時に再び、二機が標定されたのでラジオで警戒警報を発したが、敵機は偵察任務のものらしいと伝えたため、約三十五万人の市民は大したことはないと思い、それぞれ仕事や日常行動を続けた。敵機Ｂ29の爆撃はないだろうと、多くの人は防空壕に退避せず、中には上空の敵機を見ていた人もいた。

午前八時十五分、敵機Ｂ29の一機から落下傘が落ちるのを見た直後、目を潰すような白い閃光と共に、市の中心部の上空に、とてつもない大爆発が起きた。たちまち一瞬一面に煙と塵との大きな雲が立ち上り、暗黒の物凄い幕に覆われ、次いでおびただしい火柱、広島は瞬く間に灼熱の地獄と化した。七万八千人が即死し、五万一千人が火傷を主とした重軽傷を負った。総建物七万六千のうち約四万八千が全壊、二万二千が半壊し、被災者は十七万六千人余にのぼった。その凄惨極まる有様たるや、とうてい筆舌に尽くせず、ただ絶句するしかなかった。

その夜、正確には八月七日午前三時頃、内閣書記官長室の電話が鳴った。迫水書記官長は、四月十三日の空襲で自宅を、五月二十四日の空襲で官舎を焼失していたので、首相官邸の書記官長室に簡易寝台を持ち込み、着の身着のままの生活をしていた。

迫水書記官長が、電話を取ると、同盟通信社の長谷川才次外信部長（のち時事通信社長）よりの電話であり、今サンフランシスコの放送傍受によって得た米国トルーマン大統領の大演説によると、広島攻撃は原子爆弾であると発表しているというのである。

米国が原子爆弾を実際に使用したということは、本当に驚天動地の脅威であった。その前年の秋、高松宮殿下の御臨席を仰いで、大倉喜七郎男爵の主催により、仁科芳雄、湯川秀樹、菊池正士、水島三一郎等の有数な物理学者を集めて「原子爆弾に関する懇談会」を開いた時、迫水書記官長は当時内閣参事官として陪席したが、その時の結論は、ウラニウム原子濃縮技術の完成にはなお数年を要し、米国も作り得ないだろう、ということであった。もちろん日本でも研究されていたが、当時の常識では、「今度の戦争において原子爆弾が出現したら、それで終わりであり、原子爆弾を持てる国と持たざる国とでは、戦争は成り立たない。持てる国の勝利において戦争は終わる」と信じられていた。

この原爆投下については、『トルーマン回顧録1』に大統領本人の弁として語られている。

原爆製造の仕事は、マンハッタン地区と呼ばれた陸軍技術部の特殊部隊に委ねられ、その責任者は、レスリー・R・グローブ陸軍少将であった。カリフォルニア大学から来た優れた物理学者J・ロバート・オッペンハイマー博士は、ニューメキシコ州のロス・アラモスに全製作過程のカギとなる施設を作り上げた。他の誰よりも、オッペンハイマーは原爆の完成という面で、大きな貢献をした。

原爆の第一回爆発の成功を知らせる電報が、ポツダムに到着した翌日の七月十六日朝、スチムソン陸軍長官から私のところへきた。われわれは戦争に革命を与えるばかりでなく、歴史や文明の流れを変えることのできる武器を持つにいたった。

もちろん私は、原爆の爆発が想像を絶する破壊と死傷を与えることを知っていた。どこで、いつ原爆を使用するかの最後の決断は、私にかかってきた。間違った決断をしてはならない。私はこの爆弾を軍事兵器と見なし、それを使うことに疑念はもたなかった。私は自らスチムソン、マーシャル、アーノルドと一緒に、詳細にわたって、広島、小倉、新潟、長崎の各都市を検討し、爆撃の時機と第一目標の選定について協議した。

陸軍省は七月二十四日、原爆を運んで落とす戦略航空軍司令官スパーク将軍に、第一爆弾は天候が許す限り、八月三日以降なるべく早く投下するよう訓令を下すことを命じた。

一、第二十空軍第五〇九混成連隊は、天候の許す限りなるべく早く、広島、小倉、新潟、長崎のうちの一つに、第一特殊爆弾を投下するものとする。この爆発効果を観測し記録するため、陸軍省の選出する軍人と民間の専門家を運ぶべく、爆弾を運ぶ飛行機のほかに同行する飛行機若干を準備する。この同行する観測機は、爆弾の投下点から数マイル離れた位置にあるようにすること。
二、爆撃計画要員の準備が済み次第、上記諸目標に対する新たな爆弾が交付される。このリスト以外の目標は別の訓令をもって示す。
三、日本に対するこの武器の使用法についての情報は、陸軍長官と米国大統領の許可がない限り口外することを禁ずる。前もって特別な許可がない限り、現地指揮官によってこの件に関し、声明を発表するとか、情報を出す等の行為を禁ずる。いかなるニュースも陸軍省に送付して、許可を得るものとする。

四、前述の命令は、陸軍長官と陸軍参謀総長の命令と承認をもって貴官に発せられたものである。この命令の写し各一部を、貴官自らマッカーサー将軍とニミッツ提督に手渡されたい。

私は決断を下したのである。

八月六日、ポツダムから帰国途上の四日目、世界を震撼させる歴史的ニュースが届いた。私はオーガスタ号の乗組員と昼食をしていた。その時ホワイトハウスの「マップルーム」（戦況報告室）の観察将校F・グレイハム海軍大佐が、次の電報を私に手渡した。

「八月六日午後七時十五分（ワシントン時間）、大爆弾、広島に投下さる。第一報によると、完全な成功」

私は非常に感動した。

日本においては、この原爆投下が一大衝撃を与え、特に著しい事は、あれほど戦争継続に熱中していた軍の中にさえ、例えば強硬派と見られていた元企画院総裁鈴木貞一中将にも、「原子爆弾が出現した以上は、速やかに終戦すべきである。これは、日本の科学技術が米国の科学技術に負けたのであって、決して日本の軍隊が負けたのではないから、軍の恥辱にはならぬ。面目は十分に立つ」と言わしめたのである。

翌八月七日に閣議が開かれ、この原爆の論議が諮られた。

東郷外相は、「かかる残虐な兵器を用いることは、毒ガスの使用を禁じている国際公法の精神に反する不当行為であります。スイス公使館、万国赤十字社を通し、速やかに原爆使用を停止すべき旨を厳重に抗議することとしたい」と発言した。鈴木首相は「それがいい、強く強く抗議して下さい」と同意し、閣議決定された。

大勢は、かくなる上は速やかにポツダム宣言を受諾する方式によって、戦争を終結すべしという論であった。

しかし阿南陸相は、「原子爆弾と決めてかかるのは早計である。あるいは敵の詐術やも知れぬ。この際は、確実に実地を調査してから方針を定むべきものである」と主張した。

確かに、原子爆弾ということが全く意想外であったので、ともかく一応実地調査してからという話になり、参謀本部第二部長有末精三中将を団長とする調査団の派遣が決定された。理化学研究所の仁科芳雄博士が同行することになった。

その報告は、途中飛行機の事故によって遅れて、八日夕刻に内閣書記官長室を訪問した仁科博士が、沈痛な面持ちで、「残念ながら原子爆弾に相違ありません。私ども科学者が至らなかったことは、まことに国家に対して申し訳ないことです」と涙を流して告げた。

鈴木首相はこの報告を得て、迫水書記官長に対し、「明日九日、最高戦争指導会議と閣議を開き、自分から正式に終戦に関する意思を表明するから、その用意をするように」と下命した。

『昭和天皇実録』には、「八日午後四時四十分、外務大臣東郷茂徳に謁を賜い、昨七日傍受の新型爆弾に関する敵側の発表と、その関連事項及び新型爆弾の投下を転機として、戦争終結を決するべき旨の奏上を受けられる。これに対し、この種の兵器の使用により戦争継続はいよいよ不可能にして、有利な条件を獲得のため戦争終結の時機を逸するは不可につき、なるべく速やかに戦争を終結せしめるよう希望され、首相へも伝達すべき旨の御沙汰を下される」と記録されている。

迫水書記官長は直ちに、最高戦争指導会議と閣議の手配を取ると同時に、その閣議における首相の発言についての原稿作成に取り掛かった。

迫水はその夜、徹夜のつもりで原稿を書いていたところ、未明の九日午前三時に同盟通信社の長谷川才次外信部長から電話があり、「サンフランシスコの放送によると、どうやらソ連が日本に宣戦を布告したらしい」との急報を知らされた。そんな馬鹿なことがあるかと思い、何度も「本当か」と反問した。残念ながらそれは事実であった。

迫水は後年、「その時の心持ちは到底言葉では言い表わされません。体中の血が逆流するというか、憤怒が体中を駆け巡ると申しますが、本当に怒りの極度でした」と語っておられた。

その当時、日本はとソ連との間には中立条約があった。確かにソ連は昭和二十年四月五日に、「満期後は延長しない」と一方的に通告してきたが、条約の規定では昭和二十一年三月十二日まで有効に存在し得るのであり、この条約では両国ともお互いに、決して戦争には訴えないということを、固く約束していたのである。

日本は、この条約を忠実に守り、ドイツ軍がソ連をスターリングラードに追い詰めた時、ドイツから日独伊三国同盟によって、是非シベリアに出兵し、ソ連を後から討ってくれという強い要求が再三あったのに拘わらず、ついにソ連には戦争を仕掛けなかった。

しかも前述通り、その頃日本はソ連に対して日米戦争の仲介を依頼していて、その返事をひたすら待っていたところであった。

ソ連に仲介を申し入れることについては、東郷外務大臣は最初から反対であったし、いろいろ議論もあった。だが敢えてこのように決まった理由の一つには、ソ連が欧州での戦争が終わった後、兵力をソ満国境に集結して満州をうかがう態勢を示しており、何としてもソ連の満州侵入を防止する必要があるので、積極的にソ連に仲介を求めれば、「窮鳥懐に入れば猟師もこれを殺さず」との喩えの効果があろう、という目算もあったのである。

然るに、ソ連は日本に宣戦を布告してきたのである。まさにパンを求めて石を投げられたに等しい。この神聖なる条約は、全く一片の反古《ほご》として破り捨てられてしまった。

ソ連のこの暴挙を正当づけるために、スターリンは「この宣戦布告は日露戦争において日本から受けた侵略に対する仕返しである」と言ったのである。

後に知られたことだが、実は早くも昭和二十年二月のヤルタ会談において、米国のルーズベルト大統領からスターリンに対し、日本に参戦をしてくれということを懇請されていた。その代償として南樺太及び千島の主権を認めるという約束をもしていたのであった。その上でスターリンは、なかなかこれを実行せず、日本がすっかり参って、もうすぐにも戦争が終わるという時につけ込んでこの挙に出たのである。

およそ正義や条約を順守するなどという気はどこにもなく、全く火事場泥棒的に戦利品を獲ようとの行動で、ここまでくれば我利貪婪《がりどんらん》も極まれりという外はない。

ソ連軍の満州侵攻後、日本の軍人や百四十万人の居留民は多くの死傷者を出し、悲惨な被害に遭った。しかも、ソ連はポツダム宣言に違反して六十万人の捕虜をソ連に強制連行して、労役をさせ、十年以上も返してこなかったのである。

『昭和天皇実録』には、「(八月)九日、昨八日午後十一時(モスクワ時間八日午後五時)ソ連邦外務人民委員ヴャチェスラフ・ミハイロヴィチ・モロトフは、駐ソ大使佐藤尚武と会見し、対日宣戦布告書を手交、明日九日より日本と戦争状態に入ることを宣言する。本九日午前零時頃、ソ連軍が満州国への進攻を開始し、日満両軍はこれに応戦する」、続いて、「午後五時、大本営は、本日午前零時頃よりソ連軍の一部が東部及び西部満ソ国境を越えて攻撃を開始し、またその航空部隊の各少数機が同時頃より北満及び朝鮮北部の一部に分散来襲したこと、並びに日満両軍が自衛のためこれを邀《むか》え、目下交戦中である旨を発表する」と記録されている。

外務省編『終戦史録』によれば、東郷外務大臣は、八月十日ソ連のマリク駐日大使に対し、次のように言った。

日本はソ連邦との間に長期間に亘る友好関係を設定する目的を以て進んで来た。最近においても広田元首相を煩わして貴大使と話し合いを進めていたのに、ソ連側はこれに対する返事も未だしてこない。なお、人類を戦争の惨禍より救うため、なるべく速やかに戦争を終結せしめたいとの陛下の大御心により、これをソ連側に伝達し、日ソ間の関係強化及び戦争終結に関する話し合いをなすため、特使の派遣方を申し入れたが、これについての返事も未だ入手していない。即ち我が方においては、戦争終結に関するソ連政府の斡旋の回答を待って、所謂ポツダム宣言に関する態度の決定に資したいと考えていたのである。貴方では三国共同宣言を日本が拒絶したと言っておられる。それは如何なるソース（出所）から知られたのか承知しないが、前述の事実に鑑み、貴方は日本に何らの返事をすることなく、突如として国交を断絶し、戦争状態に入ると言われるのは、不可解千万、東洋における将来の事態よりしても甚だ遺憾と言わざるを得ない。

迫水書記官長は九日午前五時、一件書類を取りまとめて鈴木首相をその私邸に訪問した。ちょうど東郷外務大臣も来た。

首相は二人の報告を受けると、ただ一言「来るものが来ましたね」と言い、「ともかく参内して陛下申し上げてくるから」と言って、すぐに参内した。

まもなく、鈴木首相は官邸に帰り、迫水書記官長を呼び、「よく陛下にご報告申し上げ、陛下の思し召しを伺ってきたから、ここでポツダム宣言受諾という形式によって終戦することにする。よって書記官長はそれぞれの段取りを考えて、間違いなく取り運ぶように」との話があった。

そして、国家の意志を決定するについて、必要な手続きを順次行うこととし、最高戦争指導会議及び閣議を次々に開く手配をしたのである。

九日午前十時三十分より宮中で開かれた最高戦争指導会議で、鈴木首相は冒頭、「広島の原爆といいソ連の参戦といい、これ以上の戦争継続は不可能であると思います。ポツダム宣言を受諾し、戦争を終結させるほかはない。ついては各員のご意見を受け賜りたい」と言った。

数分間、重苦しい沈黙が議場を押し包んだ。

阿南陸軍大臣や梅津参謀総長らは、あくまで戦争を続けるか否か、その根本を協議すると考えていた。

まず、米内海軍大臣が口火を切った。

「黙っていては分からないではないか。どしどし意見を述べたらどうだ。もしポツダム宣言受諾ということになれば、これを無条件で鵜呑みにするか、それともこちらから希望条件を提示するか、それを論議しなければならぬと思う」

この発言で、会議はなんとなくポツダム宣言を受諾するという前提のもとに、付け加える希望条件の問題に入ってしまった。だが、会議は暗礁に乗り上げたのである。

東郷外務大臣、米内海軍大臣は、「①天皇の国法上の地位を変更しないことだけを条件」として、ポツダム宣言を受諾せよと主張した。

阿南陸軍大臣、梅津参謀総長、豊田軍令部総長は、国体を守りぬくためにも①の条件のほかに、「②占領は小範囲、小兵力で、短期間であること」、「③武装解除」と「④戦犯処置は日本人の手に任せること」、以上の四条件をつけることを主張したのである。

鈴木首相は、外相・海相の論に近かった。

会議は紛糾し、険々たる空気のうちに進められた。

この会議の最中、午前十一時三十分、長崎に第二発目の原子爆弾が投下された。

『トルーマン回顧録（二）』によると、「八月七日、第二十空軍部隊は百三十機のB29を送り、八日には四百二十機のB29を白昼攻撃と夜間攻撃に出撃させた。第二の原爆の目標は、まず小倉、ついで長崎となった。リストの上の新潟は距離が遠いので取り止めにした。第二の原爆を積んだ飛行機が小倉上空に達したとき、曇りで市街が見えず、上空を三回飛んだが目標は見当たらず、ガソリンは少なくなってきた。そこで長崎へ行ってみようということになった。そこでも曇っていて、市街は隠れていたが、雲の切れ間があり、爆撃手は目標をつかむチャンスを得た。こうして長崎への原爆投下は成功したのである」と記録されている。

その長崎の惨状は広島と同様であるが、広島の先例があったので市民の退避が比較的うまくいったが、それでも損害は死者二万三千七百人余、負傷者四万三千人余であった。

最高戦争指導会議は、予定を超えて午後一時過ぎ休憩に入った。

九日午後一時三十分、鈴木首相は、木戸内大臣を訪問し、最高戦争指導会議で、「天皇の国法上の地位存続、日本軍の自主的撤兵及び内地における武装解除、戦争責任者の自国における処理、保障占領の拒否を条件にポツダム宣言を受諾する方向を決めた」旨を告げた。

閣議は、第一回目は午後二時三十分から三時間、更に第二回目は午後六時三十分から開かれた。

まず、東郷外相からソ連の宣戦布告の報告をし、阿南陸相からソ連の侵入状況を説明した。陸相は、関東軍はその大部分を既に本土防衛のため内地に移駐しているので、このまま推移すれば二ヵ月を出ずして全滅の他はないと述べ、大本営では取りあえず、関東軍に対して主作戦を対ソ戦に指向し、来攻する敵を随所に撃ち、朝鮮を保衛すべき旨命令したと報告した。

次いで、経済関係の閣僚からそれぞれ国内の経済力、軍需力の話があり、いずれも戦争終結を主張したが、安倍源基内相は、ここで戦争を止めるとなると、右翼が騒動を起こす恐れがあって国内治安が心配であると言い、かたや米内海軍大臣は、戦争は残念ながら負けであって今後戦っても勝つ見込みはないと断言、阿南陸軍大臣との間に激しいやり取りがあった。

太田文部大臣が突然、「対ソ交渉が失敗したことの責任、そして只今の内閣の意見不一致という点からみましても、筋道からいえば内閣は総辞職すべきではなかろうか。総理はいかがお考えになりますか」と発言した。

鈴木首相は即座に、「総辞職をするつもりはありません。直面するこの重大問題を、私の内閣で解決する決心です」と答えた。

議論は紛糾した。もし、阿南陸相が太田文相に同調すれば、鈴木内閣を総辞職に追い込むことが出来るのである。しかし、阿南陸相はこうしたやりとりを聞かなかったかのように、背筋を伸ばして端然たる姿を崩さなかった。

そうした阿南陸相に、陸軍内部からの突き上げは時々刻々激しさを増していた。閣議中に呼び出された陸相は、参謀次長河辺虎四郎中将から、「全国に戒厳令を布き、内閣を倒して軍政権の樹立を目指す」と息巻かれた。しかし、阿南は動かなかった。

ただ、阿南陸相は、どうしても「四条件」が必要と主張し、「国体の存続も不確実のままに無条件降伏するのでは、あまりに惨めではないか。手足をもぎ取られてどうして国体を守ることができようか。このまま終戦とならば、大和民族は精神的に死したるも同然なり」と訴えた。

延々と続く閣議において、この阿南陸相の主張は孤立し、わずかに安井藤治国務大臣、安倍源基内相とが同情的であった。米内海相、豊田軍令部総長、石黒農商大臣、小日山運輸相、桜井国務大臣、左近司《さこんじ》国務大臣、広瀬蔵相、松阪司法相らはこぞって、「国体問題以外は無条件」に賛同したのである。

午後六時頃より、再開された閣議において、まず鈴木首相が、「共同宣言を受諾するかしないか、二者その一を選らねばならぬ事態となり、本日最高戦争指導会議において、これを受ける外はないということに大体の意見が纏まった。外務大臣からその間の経過を報告して貰います」と述べた。

東郷外相は、次のような報告をした。

一、保障占領もある程度の行動を認めざるを得ない。ドイツの例のようになることも予想されるからである。したがって、このことについての条件は、当方としては絶対的のものではないと思う。

二、犯罪人の問題も、この一点を先方が承知しなければ戦争を継続するや否やということになれば、これまた承知することは止むを得ない。

三、在外軍隊の武装解除は、たとえ約束しても行われないかも知れないということは、大元帥の命によるも行われないということとなり、日本の軍隊精神に抵触するから、表向きの主張はできない。来るべき停戦協定のときに善処すべきである。

四、皇室の問題については、大義名分上一歩も譲れない。日本民族は皇室の下に永遠に置かれることにより滅びない。国体の保持さえあれば、あらゆる苦痛も我慢する。やがて再興するためにはすべて辛抱する。それが日本を救う道である。したがって、皇室の問題を包含しあらざることと了解して全部受諾し、終結を計るほかはない。その上にて統帥府と打ち合わせて、休戦の提議することを適当と考える。

東郷外相からポツダム宣言の受諾のための四条件を緩和し、天皇の国法上の地位存続のみに限るべき旨提議されたため、他の三条件の追加を主張する阿南陸相との間に議論の応酬が展開され、また各閣僚から、外務大臣や陸軍大臣に質問がなされた。

外相の無条件降伏受諾に賛成する立場から発言する閣僚もあったし、陸軍大臣に対して、四つの条件に固執せず、条件の数を出来るだけ減らすように考える余地はないかという質問をする閣僚もあった。外相はこれに対して、絶対的条件以外は差し控えるべきであって、さもなくば終戦は不成立になってしまう、という自説を強硬に主張した。

阿南陸相は、「只今の外務大臣の説明は、それが最高戦争指導会議の大体の空気だというのならば誤りである。四つの条件をスウェーデン及びスイスを経て米英に通じ、もし容れられるならば和平の準備あり、然らずんば戦を遂行するというのが右会議の過半数の意見である。在外のわが軍の方は自主的撤兵の上、完全に武装解除し復員させたい。皇室の安定のみを条件とするのではイタリアの先例もあり不安である。ここに見解の相違がある。保障占領された後では、口も手も出しようがない。先方のなすままとなる。現に新京、四平街に空襲があるが、当方は拳だけあげている形である。統帥府の空気は私より強い。戦局は五分五分である。互角である。敗けとは見ていない」と述べた。

米内海相は、「戦争は互角というが、科学戦として、武力戦として明らかに敗けている。局所局所の武勇伝は別であるが、ブーゲンビル戦以来、サイパン、ルソン、レイテ、硫黄島、沖縄みな然り、皆敗けている」と返した。

阿南陸相「会戦では負けているが、戦争では負けていない。陸海軍の感覚が違う」

米内海相「敗北とはいわぬが、日本は負けている」

阿南「負けているとは思わぬ」

米内「勝つ見込みがあれば問題はない」

阿南「算盤では判断できぬ。とにかく国体の護持が危険である。これらの条件を付けてこそ、国体が護持できるのである。手足をもがれて、どうして護持できるか」

豊田軍需大臣は、「ネゴシエーションではない。そうした余地がなくなったとすれば、条件はつけても一方的となる。外交事務の人たちの信念でやれるようにせぬと、事実如何なる条件をつけても意味をなさぬ。不成立の場合戦争継続の覚悟なき以上、曖昧なる閣議決定は許されない。日露のときには米英が我を助けた。今は皆敵となった。原子爆弾のことは知らぬが、革新ある対抗方法ない以上戒心を要する。一撃は加え得ても、後はどうなる。カイネチックエナージがなくなってどうする。きわめて冷静に合理的に透徹せる判断を要する」

石黒農商相は、「余力あるうちが宜しく条件は少ない方がよい。皇室は絶対である。武装解除は第二次であり、止むなくば呑むべし。犯罪人は末の問題なり。止むを得ない。原子爆弾には対策なし。今こそ適当なる時期である。科学戦として軍もあきらめがつく。軍民間の忌わしき思想もうまく解決されるであろう」

小日山運輸相は、「戦争の終末には結集の要あり。条件は少なきがよし。忍ぶべからざるを忍ぶべし。皇室は絶対なり」

下村国務相は、「皇室問題以外の三つの条件は、宣言受諾の条件とせず、当方の希望として、先方に通ずることは何等支障なきはずである。保障占領、武装解除は事を円満に運ぶ上からからも、先方の参考として申し添えて貰いたい」

桜井国務相は、「大日本政治会は原子爆弾を重視している。南総裁は今引き籠り中で出席していない。もしも戦争継続となれば、更に協力一致態勢を整えねばならぬから、私に代わり南総裁に出て貰いたい」

その他の閣僚では、左近司国務大臣、広瀬蔵相、松坂司法相が、率直に国体問題以外は無条件と主張している。安倍内相と安井国務大臣とは、比較的阿南陸相に同情的であった。

閣議は午後十時になっても結論を得られず、鈴木首相は、「これから参内上奏するから、閣僚はしばらく待機されたい」旨を述べて、再び休憩した。

この時、鈴木首相は迫水書記官長を呼び、「どうしようか」と相談した。迫水書記官長は、「誠に懼れ多いことと存じますが、陛下の御聖断を得て事を決する外はございますまい」と答えると、首相は、「実は自分もそう考えて、今朝拝謁しましたときに、いよいよの場合は陛下にお助けを願いますということをお願いしてきた」と言った。

「終戦の論議がどうしても結論の出ませぬ場合には、陛下の御助けをお願いいたします」と申し上げると、天皇陛下は、『それはよかろう』と明快に仰せられた。

迫水書記官長は、首相の用意のよさ、陛下の有難さに感激したが、さて問題は、陛下の御聖断を如何なる方法で受けるかということである。

そこで、御前会議を開いてその席で御聖断を賜わるようにしようと決心した。

ところが、御前会議を開くためには首相と陸軍参謀総長、海軍軍令部総長の三名の署名花押《かおう》（書き判）のある書面をもってお願いする慣例である。

迫水書記官長は、この日午前中、最高戦争指導会議のあと御前会議が開かれることを考えて、首相及び両総長にお願いして、書類に署名花押をして頂いていた。その際、両総長は、政府と軍の意見が統一しない限り御前会議を開くべきでないとか、その場合になった時でよいではないかとなかなか同意を得られなかった。書記官長は、「御前会議を開くことになった場合には、必ず事前にご連絡申し上げて、ご承諾を受けます。その連絡は電話でも済みます。そうでない時は、署名花押をお願いするためには、どうしてもお目にかからなければなりませんし、時間を著しく要する恐れがございますから、予めお願い申し上げます」と頼んで頂いていたのである。

いよいよこの書類を使って御前会議を奏請するのだから、当然両総長に事前連絡しなければならないわけであるが、迫水書記官長は、この段階で御前会議の開催を事前連絡すれば、必ず反対されて、結局御前会議を開くことができなくなると判断し、独断で両総長に連絡せずに書類を宮中に提出した。それは半ば両総長を騙すようにして御前会議の開催準備をしたのである。

午後十時五十分、鈴木首相は参内、陛下に拝謁し、「御前で最高戦争指導会議を開催することをお許し下さい。その御前会議において御聖断を賜りたくお願い申し上げます」と奏上した。

天皇陛下は、『発言を求めるというのであるなら、私にはいささかの不都合もない』と仰せられた。

続いて鈴木首相は、その席に枢密院議長平沼騏一郎《きいちろう》男爵をさし加えられたき旨をお願いし、同伴参内した東郷外務大臣とともに、朝来の最高戦争指導会議及び閣議の情況を報告申し上げた。平沼議長を特に加えた趣旨は、ポツダム宣言を受諾することになると、形式の上で条約締結ということになるので、当然枢密院に付議する必要がある。実際上時日が切迫しているので、そんな猶予はない。そこで平沼議長を枢密院の代表として特に御前会議に参加させ、あとでの苦情を避ける意味があったわけである。

首相官邸へ帰って来た鈴木首相は、太田文相を使者として平沼邸へ走らせ、皇居へ向かう車の中で、この間の事情をよく説明するよう命じた。

こうして、運命の御前会議は、八月十日午前零時三分から開かれた。

6. 終戦の聖断、下る

列席者は、鈴木貫太郎首相、東郷茂徳外相、阿南惟幾陸相、米内光政海相の四大臣と梅津美治郎陸軍参謀総長、豊田副武海軍軍令部総長、平沼騏一郎枢密院議長の七名が正規の構成員であり、陪席員として、迫水久常内閣書記官長、吉積正雄陸軍軍務局長、保科善四郎海軍軍務局長、池田純久内閣綜合計画局長官の四名、合計十一名である。

会議場は、地下十メートルの宮中防空壕内の一室で、約十五坪程の御部屋であった。

会議室の卓上には、ポツダム宣言を外務省で仮訳したもののプリントの他に、甲案、乙案として二種のタイプした文書が配布されていた。

甲案

「七月二十六日付三国共同宣言に挙げられたる条件には、天皇の国法上の地位を変更する要求を包含しおらざることの了解の下に、日本政府は之を受諾す」

乙案

「七月二十六日付三国共同宣言に付、連合国に於て

①日本皇室の国法上の地位の変更に関する要求は右宣言の条件中に包含せざるものとす
②在外日本軍隊は速やかに自主的撤退を為したる上復員す
③戦争犯罪人は国内に於て処理すべし
④保障占領は為さざるものとす。
との了解に同意するに於ては日本政府は戦争の終結に同意す」

列席者一同席に着いて、天皇陛下をお待ちした。陛下は、玉座の後の入口から、蓮沼侍従武官長を随えてお入りになられた。

迫水書記官長は、この御前会議の真相を、次のように「証言」している。

以下の文中で「私」というのは、迫水書記官長自身のことであり、この終戦秘話のクライマックス部分で、歴史的に重要なくだりであるので、その場に居遭わせた迫水久常内閣書記官長の一人称語り調によって綴ることとする。

＊　＊　＊

私が、今も深く印象に残っておりますのは、天皇陛下は足取りも重く、非常に御心痛のお面持ちで、御額に数本の髪の毛が乱れて垂れていらしたことです。

会議は、総理が議長として進行しました。まず、私がポツダム宣言を読みました。陛下の御前で日本に堪えがたい条件を読むのでありますから、全く堪らないことでした。

次に東郷外務大臣が指名されて発言しました。その論旨は、「この際は戦争を終結する最もよき機会であり、そのためには天皇の御地位即ち国体に変化なきことを前提として、ポツダム宣言を受諾するほかはない」と、論旨正しく言葉も明晰に静かながら断固主張しました。

続いて阿南陸軍大臣は、「私は外務大臣の意見には反対であります」と前提して、荘重に涙と共に今日までの軍の敗退をお詫びし、「今日なおわが戦力は喪失したわけでなく、敵の本土来冠を機としてこれに大打撃を与えることは可能であり、その際にまた終戦の機会も与えられると思う。今日といえども、必勝は期し難しとするも必敗と決まってはいない。本土を最後の決戦場として戦うにおいては、地の利あり、人の和あり死中活を求めるべく、もし事志と違うときは、日本民族は一億玉砕し、その民族の名を青史(歴史)に止むることこそ本懐であると存じます。もし乙案によって終戦することが可能ならば、これに賛成してもよいと考えています」と言いました。

次の米内海軍大臣は、極めて簡明に「外務大臣の意見に全面的に同意であります」と述べました。

平沼騏一郎枢密院議長は、列席の大臣、総長にいろいろ質問された後、「外務大臣の意見に同意である」と言いました。

梅津陸軍参謀総長、豊田海軍軍令部総長は、ほぼ陸軍大臣と同様の意見でありました。

時計の針は、すでに十日午前二時を回っており、意見は真っ二つに分かれ、三対三の対立となりました。

天皇陛下は、この間約二時間半、終始熱心に聞いておいででしたが、私は、本当に至近距離で陛下のご心配気なお顔を拝して、涙のにじみ出るのを禁じ得ませんでした。

一同の発言の終わった時、私は前もって鈴木総理と打ち合せた通り、総理に合図致しました。

総理が立ちまして、おもむろに、「本日の列席者一同熱心に意見を開陳致しましたが、只今まで意見がまとまりません。しかし、事態は緊迫しておりまして全く遷延を許しません。誠に懼れ多いことではございますが、ここに天皇陛下の思し召しをお伺いして、それによって本会議の決定と致したいと思います」と述べ、静かに歩を移して陛下の御前に進みました。

その時、阿南さんは確かに「総理」と声をかけたように思います。総理は聞こえたのか聞こえなかったのか、そのまま御前に進み、丁寧にお辞儀をして、「只今お聞きの通りでございます。何卒思し召しをお聞かせ下さいませ」と申し上げました。

陛下は総理に対し、「席に帰っているように」と仰せられましたが、総理は元来耳が遠いためによく聞き取れなかったらしく、右手を耳に当てて「はい」という風にして聞き直しました。

総理は席へ戻りました。

天皇陛下は、少し体を前にお乗り出しになるような形でお言葉がございました。緊張と申してこれ以上の緊張はございません。

陛下は、まず
『それならば自分の意見を言おう』

と仰せられて、

『自分の意見は外務大臣の意見に同意である』

と仰せられました。

その一瞬は、場所は地下十メートルのところに掘られた防空壕の中、物音ひとつ聞こえない。しかも陛下の御前。静粛と申して、これ以上静粛な所はございません。

陛下のお言葉が終わった瞬間、私は胸がつまって涙がほとばしり出て、前に置いてあった書類の上に、はらはらと涙が滲みました。私の隣席の吉積局長、そのまた隣席の梅津参謀総長の書類の上にも涙の跡が滲んでいくのを見ました。次の瞬間、すすり泣きの声が漏れてきました。やがて号泣に変わりました。

涙の中に陛下を拝しますと、始めは白い手袋をはめられたまま親指をもってしきりに眼鏡をぬぐっておいでてでしたが、ついに両方の頰をしきりに御手をもってお拭いになりました。陛下も涙を流されたのであります。

建国二千六百余年、日本が初めて外国に敗れた日であります。日本の天皇陛下が初めて臣下の前で涙を流された日であります。ああ、何とも申す言葉がございません。

お言葉はそれで終わりかと存じました。

しかるに陛下は絞り出すようなお声をもって、『念のため理由を言っておく』と仰せられ、次のようなお言葉を、とぎれとぎれに仰せられました。

大東亜戦争が始まってから陸海軍のしてきたことを見ると、どうも予定と結果が大変違う場合が多い。今、陸軍・海軍では、先程も大臣・総長が申したように本土決戦の準備をしており、勝つ自信があると申しているが、自分はその点について心配している。

先日参謀総長から九十九里浜の防備について話を聞いたが、実はその後、侍従武官が実地に見て来ての話では、総長の話とは非常に違っていて、防備はほとんど出来ていないようである。また、先日編成を終わった或る師団の装備については、参謀総長から完了の旨の話を聞いたが、実は兵士の銃剣さえ行きわたっていない有様であることが判った。

このような状態で本土決戦に突入したらどうなるか、自分は非常に心配である。あるいは日本民族は皆死んでしまわなければならなくなるのではなかろうかと思う。そうなったらどうして、この日本という国を子孫に伝えることができるのか。自分の責務は、祖先から受け継いだこの日本を子孫に伝えることである。今日となっては一人でも多くの日本人に生き残っていてもらって、その人たちが再び起ち上がってもらう外に、この日本を子孫に伝える方法はないと思う。それに、このまま戦いを続けることは世界人類にとっても不幸なことである。

勿論、忠勇なる軍隊の武装解除や戦争責任者の処罰等、それらの者はみな忠誠を尽くした人々で、それを思うと実に忍び難いものがある。しかし今日はその忍び難きを忍ばねばならぬ時と思う。自分は明治天皇の三国干渉の時のお心持ちも考え、自分のことはどうなっても構わない。堪え難きこと、忍び難きことであるが、この戦争をやめる決心をしたのである。

陛下のお言葉を、人々の号泣の中にとぎれとぎれに拝聴しました。日本国民と更に世界全人類のために、自分のことはどうなっても構わない、という陛下の広大無辺なる御仁慈に対し、ただひれ伏すのみでありました。

陛下のお言葉は更に続きまして、国民がよく今日まで戦ったこと、軍人が忠勇であったこと、戦死者・戦傷者に対するお心持ち、また遺族のこと、更にまた外国に居住する日本人（即ち後の引揚者）に対して、また戦災に遭った人に対して御仁慈のお言葉があり、一同はまた新たに号泣したのであります。

陛下のお言葉は終わりました。時に十日の午前二時二十分でありました。

総理は立って陛下に入御（退出）を奏請し、陛下はお足取りも重く、室をお出になりました。

後に残った一同は協議致しまして、陛下の思し召しに従い、ポツダム宣言を受諾する方法の甲案を以て最高戦争指導会議の決定とすることを決議し、私から、甲案の書類に、構成員と平沼騏一郎枢密院議長の花押《かおう》を求めました。

その時、平沼議長から次のような重大な発言がなされました。

「この文書の中の『天皇の国法上の地位』という表現は、わが国体に照らして甚だ不適当である。天皇の御地位は、神ながら定まっているのであって、憲法によって定められたのではない。憲法はただ、神ながらの天皇の御地位を記しただけのものであるから、この表現には反対である。一体誰が起案したのか」

実は、この表現については、いきさつがありました。御前会議に先立って、甲案の原案を作る時、東郷外務大臣は、この部分を「天皇の身位」と表現されたのでありましたが、内閣側では、「身位」というと、天皇御個人の御立場のような響きを感ずるから、もう少し公法的な感じを出すために、「天皇の国法上の地位」としてはどうかという対案を出し、外務大臣は多少気が進まぬ様子でありましたが、それに同意したのであります。

従って、この平沼議長の発言については、私から大いに弁明に努めましたが、平沼議長の了承を得るに至らず、私は総理の裁断を仰いだところ、総理は「平沼さんの言う通りにしましょう」と言われたので、改めて平沼議長に表現の仕方について意見を求め、平沼議長は帝国憲法の文言を鑑みて、「天皇の国家統治の大権」とするのが適当であろうと言ったので、そのように修正することに決定したのであります。

列席者は一切の審議を終えて会議室から退出し、長い地下道を通って、陛下のお住まいになる御文庫の玄関にある出口に向かいました。首相を先頭に、一同黙々と歩きました。各人の胸中は察するに余りあります。

一同が出口に出てしまうと、吉積陸軍省軍務局長は、人を掻き分けてつかつかと首相の前に進み、言葉も鋭く、「総理、約束が違うではありませんか」と言いました。首相が吉積の方を振り向かれるとともに、阿南陸相は吉積の体を押しやるようにして、「吉積、もうよい」と鋭く窘《たしな》めました。吉積局長としては、この会議で御聖断までもってゆくとは予想もしなかったのであります。

＊　＊　＊

御前会議において、陛下の「御聖断」を仰ぐことを予め知っていたのは、鈴木首相と東郷外相と迫水書記官長だけであった。悪くいえば、梅津も豊田も迫水に一杯食わされた形になった。事実、豊田軍令部総長は手記の中で「率直に迫水に騙された」と書いている。

また、『大東亜戦争全史』にも、「阿南陸相及び梅津参謀総長は、閣議の意見を主とし、その上予め議案の相談もなく、まったく一方的かつ高圧的なこの御前会議の議事進行振りに不満であった」と書かれている。

参列者のうち閣僚は、直ちに首相官邸に帰った。天皇陛下ご臨席の下、首相、枢密院議長、統帥部両幕僚長が出席し、陛下御自身の御判断を以て親裁されたのだから、実質的にはこの会議で決定したのであるが、手続きの上では国家意思を決定するためには閣議決定をしなければならない。

閣議は午前三時から開かれ、今まで受諾反対の立場の閣僚も、御聖断があっては誰一人反対する者もない。閣議は全会一致、平沼議長の意見によって字句の修正をした甲案を、閣僚自身の意思によって閣議決定とし、書類に署名花押したのである。

外務省は、急いで午前七時頃、スイス駐在の加瀬、スウェーデン駐在の岡本の両公使宛に電報を打ち、加瀬公使からはスイス政府に、米国と中華民国への、岡本公使からはスウェーデン政府に対し、英国とソ連への、それぞれ伝達方並びに速答を得るよう斡旋方を依頼させた。

更に午前九時、改めて各連合国に対する日本政府の通告を、英文を以て両公使に打電し、この英文を正文とし、日本文は訳文とする旨伝えた。この二度目に打電した日本文は第一電と若干異なっているので、ここでは二回目の日本文を記そう。

帝国政府においては、常に世界平和の促進を希求し給い今次戦争の継続によりもたらさるべき惨禍より人類を免れしめんが為、速やかなる戦争の終結を祈念し給うた天皇陛下の大御心に従い、数週間前、当時中立関係に在りたる「ソビエト」連邦政府に対し、敵国との平和回復の為斡旋を依頼せるが、不幸にして、右帝国政府の平和招来に対する努力は結実を見ず。ここにおいて帝国政府は、天皇陛下の一般的平和克服に対する御祈念に基き、戦争の惨禍を出来る限り速やかに終止せしめんことを欲し、左の通り決定せり。

帝国政府は、一九四五年七月二十六日「ポツダム」において米、英、支三国政府首脳者により発表せられ、爾後ソ連邦政府の参加を見たる共同宣言に挙げられたる条件を、右宣言は天皇の国家統治の大権を変更する要求を包含し居らざることの了解の下に受諾す。

帝国政府は右了解にして誤りなきを信じ、本件に関する明確なる意向が速やかに表示せられんことを切望す。

この電報に接した加瀬公使は、十日午後六時、スイス政府に米、華両国政府へ、岡本公使は午後八時、スウェーデン政府に、英、ソ両国政府へ伝達方を右英文の正文によって依頼したとの返電があった。

このように、「天皇の国家統治の大権を変更する要求は、これを含まないものと諒解するが、その点について明確なる返事をしてほしい」という留保をつけてポツダム宣言を受諾する、即ち国体護持を唯一の条件として、終戦を決定したのである。

ここで再び迫水書記官長の視点に移そう。

＊　＊　＊

私はつくづく思います。今度の戦争は日本としては、やむを得ず起こさざるを得ない立場であったかも知れません。しかし御前会議の陛下のお言葉に徴しても、果たして軍当局は陛下に対し、実情をありのままに申し上げていたのでしょうか。御前会議における陛下のお言葉は鋭い語気ではありませんでしたが、お言葉を拝して、軍当局に対する陛下のお怒りを感じたような気が致します。

しかも軍当局は、日本民族発展のための戦争を、結局「一億玉砕」、即ち日本民族滅亡のために戦争を継続せんとしたのであります。しかしながら、陛下が日本人のみならず、世界全人類の平和と幸福のために、自分のことはどうなっても構わないというお考えで、この聖断を賜わりましたことは何とも有難いことであります。

実はその時以来、私は他力本願ということを信ずるに至り、この通り常に数珠を身近に持っておりまして、それが手に触れる度に、陛下即ち国家伝統の恩恵を感じておるのであります。

私は、陛下のお姿を拝しお言葉を伺っている中に、陛下が御自分のことはどうなっても構わない、日本人が一人でも多く生き残って、否、世界全人類が幸福になるようにというお心持ちを拝しましたときに、弥陀の本願というものはこういうものでなかろうか、と考えました。

陛下のお姿には、後光が差していたと申す外はありません。私は、陛下におすがりすることによって、そのお力によって救われたと思いました。

さて、こちらから十日の早朝打った電報に対する返事はなかなか参りません。しかもこのことは公表しておりませんので、東京市内の各所では未だに、家屋を強制疎開のために引き倒すなどしております。私は身を切られるような気が致しました。

さすがに、米軍の空襲も十日、十一日にはありませんでした。朝サンフランシスコの放送によって、先方の回答の内容を知り得たのでありますが、正式の経路を通じた回答は、十三日朝に到着しました。

この間における諸般の状況は、詳しく申し上げている時間がございませんが、天皇陛下は皇族・重臣・元帥・軍事参議官などを次々にお召しになってお諭しになりました。

八月十二日、午後三時二十分から宮中のご文庫防空壕において、皇族会議が開かれました。参集した十三名の各皇族と朝鮮王族は、各家の順位に従って、左から高松宮宣仁《のぶひと》親王・三笠宮崇仁《たかひと》親王・賀陽宮《かやのみや》恒《つね》憲《のり》王・邦壽《くになが》王・久邇宮《くにのみや》朝融《あさあきら》王・梨本宮守正《もりまさ》王・閑院宮春仁《はるひと》王・朝香宮鳩彦《やすひこ》王・東久邇宮《ひがしくにのみや》稔彦《なるひこ》王・盛厚《もりひろ》王・竹田宮恒徳《つねよし》王・昌徳宮《しょうとくきゅう》李《り》王垠《おうぎん》・李鍵《りけん》公の順に、天皇陛下を囲むようにして座りました。

高松宮殿下も三笠宮殿下もこの回答受諾に賛成する旨を仰いましたが、閑院宮殿下は些かお考えのある様子で、「陛下のご決心がかくある以上、意見はございませんが、果たして我が国の存立が維持できるものかどうか、まことに心配でございます」とだけ仰いました。久邇宮殿下が、同じように国体護持についてご懸念を呈されましたが、このお二方を除けばみなご異議はありませんでした。

すべてが終わって最年長の梨本宮殿下がお立ちになり、「私共一同、一致協力して聖旨を輔翼《ほよく》いたします」と答え、終了しました。

また、東條英機大将は、陛下にもう一度お考え直しを願ったという風にも聞いております。時に、非常に由々しき問題が起きました。十三日午後三時半頃、朝日新聞記者の柴田敏夫君（のち政治部長）がやって参りまして、一片の紙を出して、「書記官長はこれをご承知か」と問いました。「大本営午後四時発表、皇軍は新たに勅命を拝し、米・英・蘇・支四カ国軍に対し新たなる作戦行動を開始したり」というものであり、これが新聞社、放送局に配布され、午後四時に放送されるはずであると告げられました。

私は驚愕しました。現に進行中の日本国家の方針とは全く反対のものでありまして、もしこれが公表されたらそれこそ、いかに後であれは間違いであったと言っても、取り返しのつかない事態になったことでしょう。

私は直ちに阿南陸相と梅津参謀総長に問い合わせましたが、二人ともこれを知らないのであります。結局、陸軍情報部の一大佐が勝手に作って新聞社に渡したものであることが判り、公表予定時の寸前、本当に二、三分前に取り消して事なきを得たのであります。この一新聞記者の小さな働きが、実は日本を救ったのであります。

十三日には、正式回答を議題として閣議が開かれました。先方の回答は長いものでありましたが、要点は次の二つであります。

一、日本国天皇及び政府の統治権は、ある場合には連合軍司令官の制限下に置かれることがある。

二、日本国最終の政治形態は、日本国民の自由なる意思によって決定せられる（即ち国体は日本人が決めるのに任せる）

先方の回答が遅れた理由は、連合国間で意見が分かれたためであったのです。後で聞きましたところ、ソ連はもちろん英国も支那も天皇制の廃止を主張したが、米国だけは前駐日大使グルー氏など知日派の人々がこれに反対し、彼等の働きによって、最終的にこのような回答になったのだそうです。

この回答に対して、大部分の大臣は、ポツダム宣言を受諾する当然の結果として、国体が変わるわけではないということを先方が承知したものであるとして、終戦に賛成でした。

ただ、この回答の翻訳について問題が起こりました。「日本国政府の権限は、最高司令官に“Subject to”する」というところです。外務省は、先例に従って「制限下に置かれる」ということを正訳として結局落ち着いたのですが、この正訳ができるまでは、関係方面ではいろいろの仮訳を使いました。同盟通信社は「従属する」と訳しました。

私は、法律用語としての「サブジェクト・ツウ」は「但し何々することを妨げず」といった場合に用いられる語句だから、最高司令官の権限の行使を妨げずといったような翻訳はできないものかと、外務省や同盟通信社に相談しました。陸軍省では、これを「隷属す」と翻訳して奴隷のような立場に置かれるのだと主張し、これでは国体の護持は事実上できないのではないかと論じた文書を作って、私の所に持ち込んで、閣議の席上各大臣に配布するよう強要し、陸軍はそこのところに◎をつけて閣議に配ったのであります。

しかも阿南陸軍大臣及び梅津、豊田の両総長は、「この回答では明瞭でないから、もう一度先方に確かめてもっとはっきりした返事が来ればよいが、そうでない限り、国体を護持し得るかどうか明瞭でない以上、あくまで戦争を継続せよ」と主張したのです。

平沼枢密院議長などは、「先方が国民の自由なる意思によって、天皇制を維持するかどうか決めよというのはおかしい。天皇の御地位は神ながら決まっているものであって、国民の意志以前の問題であるのに、これでは国体に反する。日本の天皇の御意思が惟神《かんながら》であることを、もう一度よく説明して、しっかりした返事を取れ」ということを強く主張しました。

これに対して、東郷外務大臣は、「そういうことは到底不可能である。日本人だって惟神ということはなかなか解らないのに、どうして米国人に示唆することが出来るのか。それはもう陛下に今朝お目にかかった時には、『糸は切らんようにせよ』というお言葉を頂きましたが、そんなことをしていたらその糸は切れる」と言って頑張りました。

この議論について、私はこういう意見を申したのであります。大体日本の国柄においては、臣民の心は大御心に帰一するというのであるが、歴代天皇のお心持ちは常に、臣民の心をもって心とされるという思し召しではないか。即ち日本の国柄では臣民の意志と天皇陛下の大御心とは対立する二つのものではない、二つでありながら二つではなく一つである。即ち表裏一体であるが、外国では国王と人民が対立していたのであるから、これを二つに見ているのである。従って、このことを外国人に理解させるについては、先年不戦条約について「国民の名において」という字が問題になった時のように、到底困難であるから、これを我々は天皇の大御心によってと読んでも差し支えないのではないか、と申しました。

問題は軍部であります。首相はこの間の事情を陛下にご報告申し上げましたところ、天皇陛下は先方に聞くなら聞いてもよいが、交渉の糸を切ってしまわないように、との思し召しであります。

この間、米国側から盛んに日本の回答の遅延を責めて参ります。もう一度先方の意向を問い合わせたのでは、到底交渉の糸が切れてしまうことは明らかであります。

よって私は総理に「もう一度陛下のお力におすがりする外はない」と申し上げました。しかも両総長の同意を得られない限り、御前会議を開く途はありません。畏れ多いことながら天皇陛下よりお召しを願うことにしたのであります。

鈴木首相は十四日早朝参内し拝謁して、陛下の方から十六人の大臣全部、枢密院議長、陸海軍の総長をお召し願って、お諭しを頂くことにお願い申し上げ、お許しを受けました。

この十四日の朝、御前会議に先立って、鈴木首相のところに阿南陸相がやって来て、「陸軍部内をまとめるために二日間の猶予をもらいたい」と懇請しましたが、首相は毅然として拒否しました。そして、陸相が立ち去った後、傍らにいた小林海軍軍医の問いに対し、「今日を外したら、ソ連が満州・朝鮮・樺太ばかりでなく、北海道にも来るだろう。そうなれば日本の土台を壊してしまう。相手がアメリカであるうちに、始末をつけなければならぬ」とキッパリと断言したのです。

十四日午前十時、一同はお召しによって参内、先般の御前会議の室に集まって、陛下のお出ましを待ちました。私も含めて二十三人であります。

首相より経過の概要を説明した後、陸相、参謀総長、軍令部総長からそれぞれ、「先方の回答では国体護持について心配である。しかし先方にもう一度確かめても満足な回答は得られないであろうから、このまま戦争を継続すべきである」という意見を、声涙共に下って申し上げました。

陛下は首相の方に向かって、外に発言するものはないか、という意味の御合図があって後、『皆のものに意見がなければ自分が意見を言おう。皆のものは私の意見に賛成してほしい』と前置きせられ、お言葉がありました。その御言葉は、とぎれとぎれで、腹の底から絞り出されるようなお声でした。

『三人が反対する気持ちはよくわかるし、その趣旨もわからないではないが、自分の意見は先日申したのと変わりはない。世界の現状と国内の事情とを十分検討した結果、これ以上戦争を続けることは無理だと考える。国体問題についていろいろ疑義があるとのことであるが、私はこの回答文の文意を通じて、先方は悪意を持って、この返答を書いたとは思えない。先方の態度に一抹の不安があるというのも、一応は尤もだが、私はそう疑いたくない。要はわが国民全体の信念と覚悟の問題であると思うから、この際先方の申し入れを受諾してよろしいと考える。どうか皆もそう考えて貰いたい』

号泣の声が起こりました。

『更に、陸海軍の将兵にとって、武装の解除なり、保障占領というようなことは、誠に堪え難いことで、その心持ちはよくわかる。また、国民が玉砕して国のために殉じようとする心持ちもよくわかるが、しかし、私自身は、自分は如何になろうとも、万民の生命を助けたい。この上戦争を続けては、結局わが国が全く焦土となり、万民にこれ以上苦悩させることは私として実に忍び難い。祖宗の霊にお応えできない。和平の手段によるとしても、もとより先方のやり方に全幅の信頼を措《お》きがたいのは当然であるが、日本が全くなくなるという結果に較べて、少しでも種子が残りさえすれば、更にまた復興という光明も考えられる。私は、明治大帝が涙をのんで思い切られたる三国干渉当時の御苦衷を偲び、この際堪え難きを耐え、忍び難きを忍び、一致協力、将来の回復に立ち直りたいと思う。

今日まで戦場にあって陣没し、あるいは殉職して非命に遇った者、またその遺族を思うときは、悲嘆に堪えぬ次第である。また、戦傷を負い、戦災を蒙《こうむ》り、家業を失いたる者の生活に至りては、私の深く心配するところである。この際私として為すべきことがあれば何でもいとわない。国民に呼びかけることがよければ、私はいつでもマイクの前にも立つ。一般国民には、今まで何も知らずにいたのだから、突然この決定を聞く場合、動揺も甚だしかろう。陸海軍将兵は更に動揺も大きいであろう。この気持ちをなだめることは相当困難なことであろうが、どうか私の心持ちを理解して、陸海軍大臣は共に努力し、よく治まるようにして貰いたい。必要があれば自分が親しく説き諭しても構わない。この際詔書を出す必要もあろうから、政府は早速その起案をして貰いたい。以上は私の考えである』

陛下は、しばしば御頬を純白の手袋をはめたお手にて拭われました。

一同の感激はその極みであります。岡田忠彦厚相は椅子に腰かけているのに堪えず、床にひざまずいて泣いていました。

しかし、私共を敗戦の現実の悲しみを超えて、むしろ感動に浸らせたものは、この次に仰せられた陛下のお言葉でございます。

陛下は、『こうして戦争をやめるのであるが、これから日本は再建しなければならない。それは難しいことであり、時間も長くかかることであろうが、それには国民が皆一つ家の者の心持ちになって努力すれば必ずできるであろう。自分も国民と共に努力する』と仰せられました。

この言葉を拝した時の心持ちは、高天原において天照大神が天岩戸をお開きになってお出ましになったのをお迎え申した、八百万の神のお心持ちもかくやと偲ばれるような気が致しました。尊きを知って只高く仰いでいた陛下は、やはり国民と共にある陛下でありました。私はここに新日本建設の黎明を感じたのであります。陛下は我等国民を御信頼なさって、我等に日本再建をお命じになったのであります。

最後に、鈴木首相が立ち上がって、お詫びを申し上げました。

「われわれの力が足りないばかりに、陛下には何度も御聖断を煩わし、大変申し訳ないと思っています。臣下としてこれ以上の罪はありませんが、今、陛下の御言葉を承り、日本の進むべき方向がはっきりしました。この上は、陛下の御心を体して、日本の再建に励みたいと決意しております」

天皇陛下は、蓮沼侍従武官の合図によって静かに御退席になりましたが、それは誰かがお支えしなければならないほどお疲れのご様子でありました。一同は涙を流しながら最敬礼し、お見送り致しました。

そして、この御前会議に続くその日の二十四時間が、歴史上〝日本の一番長い日〟となったのであります。各閣僚は内閣に帰って終戦の議を決定し、更に終戦のご詔勅の草案審議と進んでいきます。

この終戦の詔書については、実は十日未明の「御前会議」において「御聖断」が下った直後から、内閣において起草すべき性質のものでありましたので、私はその責任者としてすでに起草に着手しておりました。

『御前会議における天皇陛下の御言葉』は、列席した鈴木内閣総理大臣、平沼枢密院議長、米内海軍大臣、阿南陸軍大臣、東郷外務大臣、梅津参謀総長、豊田軍令部総長、吉積陸軍軍務局長、保科海軍軍務局長、池田綜合計画局長官、迫水内閣書記官長、蓮沼侍従武官長の十一人のみが聞きました。

7. 終戦の詔書～玉音放送へ

私（迫水）は、「忘れないうちに陛下の御言葉を書き留めておかなければ……」と先程の御前会議の場面を追って一つ一つ思い出しながら、鉛筆を走らせました。とにかく「天皇陛下の御聖断」、そして大御心（お気持ち）を汲み入れて忠実に再現し、詔書の骨格として原案を起草することにしたのであります。

詔書は、普通その道の専門家に依頼するのが慣例で、漢文調で綴らなければなりません。

幸いに、父親が鹿児島の士族（旧薩摩藩主島津家の分家で代々家老職）の出であり、小学校に入る前から半強制的に漢文の素読を教えられたため、また学校時代漢文に興味を持っていたので、いささか同年輩の人達に比べると漢文の素養を持っておりました。

それでも、何枚も原稿用紙を破り捨てながら、ときには涙で原稿用紙を濡らしながら、どうやら形を作り上げました。

天皇陛下の御言葉を基にした草案第一稿は口語体でありましたので、それを格調高い漢文調の文体に書き改める必要があります。そのために、開戦詔書に関わった川田瑞穂先生にご協力頂こうと考えました。内閣官房の佐藤朝生総務課長に、「今から使いを出して川田先生をお呼びしてくれないか。言うまでもないが、くれぐれも人に気付かれないように」と告げました。

川田先生というのは早大教授の漢学者で、内閣嘱託として詔書類の作成に携わってきた方です。川田先生は、迎えの車に乗って午前九時少し前に首相官邸に来られました。

そこで、私は詔書草案第一稿を示し、草案の作成を依頼しました。川田先生はそれを渋谷の自宅に持ち帰って作成に取り掛かりました。

翌十一日昼前、川田先生は再び首相官邸の私の部屋に来られました。

幅広い茶封筒から便箋の綴りを取り出しました。五枚の便箋に漢字と片仮名の縦書きの文字が一行置きに並んでいます。そのうえ全ページにわたって至るところに訂正や書き込みがあり、推敲に推敲が重ねられた跡が見えました。聞けば、川田先生は昨晩から一睡もしていないといいます。丁重に慰労の言葉を言って、川田先生が書き上げた草案を受け取りました。こうして第二稿が出来上がったのです。これが「迫水内閣書記官長第一案」と呼ばれるものであります。

次に私は、内閣嘱託としてアジア経済研究所を主宰する木原通雄君と、一高以来の親友小川一平君の二人を密かに呼びました。

木原君は、国民新聞出身の名文家として知られたジャーナリストです。四ヵ月前に鈴木内閣が発足した時には、鈴木首相の演説の草稿を書いてもらったことがありました。

小川君は、小川平吉元鉄道大臣の長男で、のちに衆議院議員となり、後楽園スタジアム副社長を務めました。小川平吉代議士は漢学に詳しく、その影響で息子一平君も漢籍に親しんでいました。因みに、宮澤喜一元首相は、この小川一平の姉の長男であります。

この二人が書記官長室に来ると、私は、早速先程の「書記官長第一案」を出して、「極秘なんだが、これは終戦の詔書の草案なんだ。問題になる箇所がないかどうか、目を通してほしい」と相談しました。

二人は、真剣に食い入るような目で読み始めました。何箇所か問題点が浮かび上がり、長い間議論が続きました。

その途中、午後二時頃、突然大東亜省の田尻愛義次官がやって来ました。もちろん旧知の間柄であります。

「終戦の聖断が下った後、どんな動きになっているのか知りたいと思って来てみたんだ」

「ちょうどいいところへ来た。これを読んでみてくれないか」と、田尻も仲間に引っ張り込みました。

田尻は、草案を見せられて、一瞬へぇーという顔つきをしましたが、すぐ真剣な顔つきになり、真剣な表情で読み始めました。

私と三人の検討は、十一日の夜まで続きました。その間に数箇所の書き直しが行われました。三人が帰って行った後、私は更に検討を加え、細かいところに筆を入れました。こうやって出来上がったのが「迫水内閣書記官長第二案」であります。

八月十二日朝、私が師事している安岡正篤先生に電話をしました。

「急にどうしても先生のお力をお借りしなければならないことができました。日曜日で恐縮ですが、今から自動車を回しますので、人目につかないように官邸までお越し願えませんか」

「どんな御用でしょうか」

安岡正篤先生は、九時過ぎに内閣差し回しの車に乗って小石川から首相官邸に向かい、首相執務室の手前の左手にある書記官長室に来られました。

私は、「お休みのところ、わざわざご足労願って申し訳ございません」とご挨拶すると、秘書官に、「例の書類の予備を一通、すぐに持ってきてくれ」と言いました。

二人になったところで、「終戦の詔書を二昼夜かけて原案を書き上げました」と便箋の綴りを手渡し、手短に説明しました。

「もとより私は漢文には素人です。文法上の誤りや不適切な表現があってはいけないと思いまして、こうやって先生にご足労頂きましたわけです」

安岡先生は、早くも表紙をめくって本文を追い始め、鉛筆の背で文字を一つ一つなぞりながら読み進めました。八行目までできて初めて行間に書き込みを施しました。「他国主権ノ毀損ト領土ノ侵略ハ」の部分を「他国ノ主権ヲ排シ領土ヲ侵スハ」に修正しました。

その次の行の「敵闘」を「勇戦」に置き換えました。

十二行目から、天皇陛下が終戦を決意するに至った理由を述べていましたが、それを切り落とし、「戦局次第ニ不利ニ陥リ世界ノ大勢ハ悉ク我ニ非ト為ルニ至レリ是ノ秋ニ当リ敵ハ人道ヲ無視シテ新ニ惨虐ナル兵器ヲ使用シ尚交戦ヲ継続セムカ終ニ日本民族ノ滅亡ヲ将来スルノミナラス延テ人類ノ文明ヲ滅却スヘシ是ノ如クムハ朕ハ何ヲ以テカ億兆ノ赤子ヲ保シ皇祖皇宗ノ神霊ニ謝セムヤ」と書き改めました。

これ以外にも修正が数箇所ありました。安岡先生は、次々と忌憚なく訂正されました。

その中で、草案では「永遠の平和を確保せんことを期す」と書いていた部分について、「この部分に、極めて適切にあてはまると思うが、支那の宋の末期の学者張横渠が、朱子学の入門書である『近思録』に書いている中に〝天地のために心を立て、生民のために道を立て、往聖のために絶学を継ぎ、万世のために太平を開く〟という言葉があるから、この〝万世のために太平を開く〟という言葉をそのままお使いなさい」と言われました。私は、御前会議において陛下のご決心を承った際、今後日本は永久に平和の国として再建せられることを念じておられると感じたのですから、誠に適切なことであると考えて、直ちにこれに従ったのですが、この一句こそが終戦詔勅の眼目となったわけです。

閣議では、このようにしてできた「終戦の詔書案」を議題として審議しました。

その他この閣議における審議によって原案が修正された点について述べておきます。

①詔書成文の「戦局必ずしも好転せず」とある部分の原案は「戦勢日に非なり」という文であった。

阿南陸軍大臣は、この原案では従来の大本営発表が虚構であったということになる、それに戦争は敗けてしまったのではなくて、現在好転しないだけであるから、成文通り訂正すべきことを主張した。閣僚の意見では原案でよいというものが多かったが、陸軍大臣は、下部から突き上げられているのか、執拗にこれを主張された。

ところが、珍しく米内海軍大臣が強硬にこれに反対の発言をして、「戦争は敗けているではないか」と言われ、阿南陸軍大臣は「個々の会戦には敗けたけれども、戦争の勝負はついていない、陸軍と海軍とではその辺の感覚が違う」と互いに激しいやり取りがあった。米内海軍大臣は、中途で海軍省に行かれるため中座された時も、わざわざ私の席のところまで来られて、この点は絶対に訂正するな、と言われたほどであった。

海軍大臣がやがて閣議の席に戻られてから、隣の阿南陸軍大臣となにやら小声で話しておられたが、私の方を向かれて、この点は修正することにしようと言われ、私はちょっとあっけにとられた心持ちがしたが、首相もとりなされるし、各閣僚も根負けの形で修正と決まった。

②詔書成文の「時運の趨《おもむ》く所」という部分の原案は「義命の存する所」という文であった。

これは安岡先生が、「戦争に敗けたから仕方なく終戦するというのではおかしい。今、戦争を終結させるのは、大義天命の然らしむるところ、正しい筋道であるという見地に立たなければならない。だから〝義命の存する所〟という言葉をわざわざ差し挟むべきだと思う」と私に言われて、案に加筆した部分でした。

ところが、閣僚中に「こんな言葉は聞いたことがない、判らないから修正せよ」と言うものがあった。辞書でも調べたらという話も出て、ありあわせの辞書を持ち出して調べると、あいにくにもその辞書にはこの熟語が出ていない。辞書に出ていないのでは一般国民は判らないのではないかということになって、とうとう成文のように「時運の趨くところ」と訂正されてしまった。

これには後日譚があります。詔書が発布された後、安岡先生は私に対して、「私としては、あの〝義命の存する所〟に力を入れたつもりだったのに……。修正されたのは残念でならない。あの一句を書き改めたことで、終戦の詔書は重大な欠点をもつことになった。千載の痛恨事だ。なんといっても学のない人たちにはかなわないね」と言われました。

この「義命」という言葉の出典は、中国の古典『春秋左氏伝』で、『論語』にも名が出てくる左《さ》丘明《きゅうめい》の作と伝えられている。その中の「成公八年」の条に「以信行義、以義成命」という文言があります。「信をもって義を行ない、義をもって命をなす」と読みます。安岡先生は、国の運命は義によって作っていかなければならない、道義の至情命令の示すところによって終戦の道を選ぶ、という意味を託したかったのでした。

また、戦後二十年ほどたったある日、私は安岡先生にお会いする機会がありました。ひとしきり終戦前後の思い出話をした後、安岡先生は私に対して、次のように忠告されました。

「この頃の政治をみていると、理想もなく、筋道も立っていない。まったくの行きあたりばったりの感じがしてならない。あなたは自分の胸に手をあてて考えてみる必要がある。私は終戦の詔書の中にわざわざ〝義命の存する所〟という一句を入れたが、あなたは周囲の圧力に屈して、とうとう〝時運の趨く所〟という、平凡でつまらない表現に変えてしまった。

〝義命の存する所〟と〝時運の趨く所〟とでは大違いだ。〝時運の趨く所〟というのは、成り行きまかせ、風の吹き回しでどうにでもなるという不見識である。終戦が成り行きまかせで行われたということでは、天皇道の本義に反する。「義命」という良心の至上命令によって、時運がいかにあれこうするのだということで、はじめて権威が立つのだ。だから、理想もなく、無原理、無原則で目の前の損得だけ考えるということになる。終戦の詔書について、私はこれが新しい日本を建設する場合の基礎になると考えていた。ところが、あの一句を修正してしまったことで詔書の存在意義は無くなったといってもよい。戦後の政治が行きあたりばったりになったのはそのせいだと思っている。だから、あなたにも大きな責任がある。池田勇人首相などは、口癖のように寛容と忍耐といっているが、あれこそ〝時運の趨く所〟の典型だ。あなたも政治家なのだから、願わくば、時運派にならないで、義命派の政治家になってもらいたい」

さて、「終戦の詔書」の審議は午後八時に終了し、そのまま陛下の御手許に差し出し、御嘉納がありました。一切の詔書公布の手続きを終了したのは十四日午後十一時でありました。

即ち、大東亜戦争の正確な終結日時は、昭和二十年八月十四日午後十一時であります。

直ちに、米国にポツダム宣言を受諾する旨を電報したのであります。

ご詔勅は、陛下のお心持ちをそのまま表していると思います。

かくして大東亜戦争は終わりました。

ただ阿南陸軍大臣から、深夜このことを発表すると軍が動揺する恐れがあるので、発表はしばらく延期せられたき要望がありましたので、十五日正午発表ということに致し、このご詔勅をラジオにて陛下に朗読して頂き、もって一般に公表することに致したのであります。

『昭和天皇実録』には、次のように記録されています。

八月十四日午後八時三十二分　御文庫に首相参殿につき、謁を賜い、帝国の方針に関する件の内奏、及び大東亜戦争終結に関する詔書の捧呈を受けられる。

九時二十分、内閣上奏書類「帝国の方針に関する件」を御裁可になり、詔書に署名される。閣僚の副署後、詔書は午後十一時、官報号外を以て左のとおり発せられる。ただし、国内向けの公表は、陸相の要望によりよく十五日正午まで延期し、同時刻に玉音放送と新聞発表を同時に行うことが閣議において決定される。

陛下は即時録音を行うと仰せられ、午前零時、下村宏情報局総裁が放送局員を引き連れて奉仕致しました。下村宏総裁の『終戦秘史』には、次のような様子が述べられています。

宮内省の奥まりたる陛下の執務せられる部屋を放送室に、同じく十坪ばかりの相隣れる部屋を録音室に充て、一回に二面録れる二台の録音機に繋ぎ、情報局と放送協会の幹部が、午後三時半頃より待機していた。十一時近くにようやく勅語書が下がる。そこへ私（下村）が駈けつける。程なく出御になるというので、録音機を据え付けた一室をぬけて次なる奥の間に入れば、中央のあたりにマイクのスタンドが立っている。やがて午後十一時二十分頃であったろうか、三井、戸田両侍従を従え、陛下の出御ありスタンドの前に立たれた。石渡宮相、藤田侍従長らがデスクの前に並び、私はスタンド近く三歩ばかりの所に侍立した。やがて恭々しく頭を下げるのを合図に第一の録音が行われた。御下問のままに、普通の御声で結構でありますとお答えしたが、少し低いかと伺われた。陛下からも、今のは少し低かったようだから、もう一度と仰せられるままに、第二回のテストをお願いした。今度は声が高かったが、接続詞が一字抜けた箇所があり、さらにもう一度というお話もあったが、御辞退申し上げた。陛下の入御は午後十一時五十分頃であったが、この二回目の分が翌十五日の放送に使用されたのである。

録音盤は二回分とも四枚全部、荒川理事から筧庶《かけい》務課長に手渡され、課長から侍従職の方へ移されたのである。そして明朝、改めて矢部理事が宮内省へ出頭して、録音盤を拝受することにした。

録音は、十五日午前一時頃終了した。迫水書記官長は、私はその旨報告を受けてまず一段落と思い、書記官長室の椅子に座しほっと致しますと、次から次にいろいろと感慨深く、果たして戦争をやめた方がよかったのか、戦争を継続すれば奇蹟が起こって勝つことになったのではないかなと、胸がかきむしられるような気持ちでありました。

ただ、天皇陛下が止めよと仰せられたのだから間違いあるはずはないと心を落ち着け、さて次に何を為すべきかと思ううちに、そのまま旬日の全く不眠不休の疲れからか、ついうとうとと致しました。

何時頃でしたか、四時頃であったと思います。白々と明けかけた頃、機関銃の音にはっと我に返りました。私は飛行機からの機銃掃射と思い、米軍も怪《け》しからんな、もう戦争は済んだのにと思いました。

その時、ちょうど前晩から来ておりました私の実弟が、「兄さん、軍隊が正門前から官邸を射撃しているのです」と申します。

これは、横浜の陸軍部隊の一部の者が終戦の噂を聞いて、首相官邸を襲って来たのでした。そのうちに、私の室の窓枠にも弾丸が当たります。

幸い首相は前夜十一時半頃、私邸に帰られていましたので、私は早速電話にて総理にその旨報告し、至急避難されるように申し上げたのでありますが、そのうちに、襲撃部隊も首相不在を知って、玄関に石油を撒き放火して退散しました。直ちに火を消すとともに、大事をとって地下道から脱け出して警視庁に参り、町村金五警視総監と会い、市中の状況を調べてみました。

この部隊は、その足にて総理の私邸を襲ってこれを焼き払い、更に平沼枢密院議長の私邸を襲って焼きました。総理は全く一足違いで退避されて無事でありました。

ところが、これに増して大きな事件が起きていたのであります。

私は、警視庁で町村総監に会いますと、どうも前夜二時頃から宮内省の電話が不通になっているというのです。よく調べてみると本当に大事件でして、それまで私が知らなかったことは誠に申し訳ないところでした。

陛下が録音を終わられてから間もなく、陸軍省軍務局軍務課の畑中健二少佐ら三人の将校が近衛師団長森赳中将のところに参り、「陛下が終戦の御決意を遊ばされたのは、全く側近にあやつられているのであるから、これから側近を除き陛下にお考え直しを願わなければならない。ついては、近衛師団の兵隊を宮中守護の名の下に、宮城に入れるようにして頂きたい」と申し上げました。

森師団長はその不心得を懇々と諭したところ、畑中少佐は森師団長にピストルを発射し、また義弟の白石通敬中佐に窪田兼三少佐が軍刀をふるってこれを殺し、師団長室において偽の師団長命令を作って、近衛師団の全員を宮城内に出動せしめたのであります。そしてこれら青年将校はその中の一部分をほしいままに指揮し、まず折柄退出しようとした下村情報局総裁以下を監禁し、宮内省中を家探しして、陛下の録音盤を奪取して翌日の放送を不可能ならしめようとしていたのです。さすがに彼らも陛下の御居間の方は侵しませんでしたが、宮内大臣も内大臣も皆一室に監禁されたのであります。

録音盤は、徳川義寛侍従が持ち、侍従職事務官室の軽金庫に保管されていて無事でした。

この事件は、当時の東部軍管区司令官田中静壱大将がただ一人、宮中に入ってよく事態を説明し、午前六時頃には兵隊は凡て退去し事なきを得たのであります。田中大将は、この責任を負って二十日にピストルで自決されました。この将校たちは、その後放送局に現れて放送局を占拠し、陛下の放送を妨害しようとしましたが、それもできず、ついに東條英機大将の女婿の近衛師団参謀古賀秀正少佐は森近衛師団長の遺体の前で割腹自殺し、椎崎二郎中佐、畑中少佐は二重橋前の芝生に並んで座り、拳銃で自殺しました。彼らにも彼らなりの正義があったのだと思います。誤れる正義とは申せ、彼らは彼らなりに真剣であったと思うのであります。

さらに、警視庁において十五日午前四時頃、阿南陸軍大臣が自刃されたことを知りました。

陸軍大臣仮官邸の廊下で宮城に向かって、壁には「一死以テ大罪ヲ謝シ奉ル」（裏には「神州不滅ヲ確信シツツ」）と書いたものを貼り、別の半紙に「大君の深き恵に治《あ》みし身は言ひ遺すべき片言もなし」と辞世の歌を浄書し、侍従武官当時に天皇陛下から頂いたワイシャツを肌につけ、短刀で腹を切り、更にその刃を首にあてて自決され、軍人として稀にみる見事な最期であったとのことでした。

私は、ここに少し阿南陸相のことを申し上げなければなりません。

八月十三日午後の閣議の最中でしたが、閣僚の大部分が終戦に賛成、阿南陸相だけが終戦反対の立場を取るので、何とか説得しようという空気になっている際に、彼は席を立ち、閣議室の隣部屋に出て行きました。その時、部屋の隅におります内閣書記官長たる私に対して、部屋の外に出るようにという合図がありましたので、私も部屋の外に出ました。その隣室には電話があります。

その電話を取り上げて、阿南陸相は陸軍省の軍務局を呼び出しました。そこで彼は、

「閣議においては諸君の意向が逐次閣僚の皆の人に了解せられつつある。こういうような状況では、諸君の意図が閣議において了解される希望も十分あるから、諸君はしばらく待っておるように、自分が帰るま

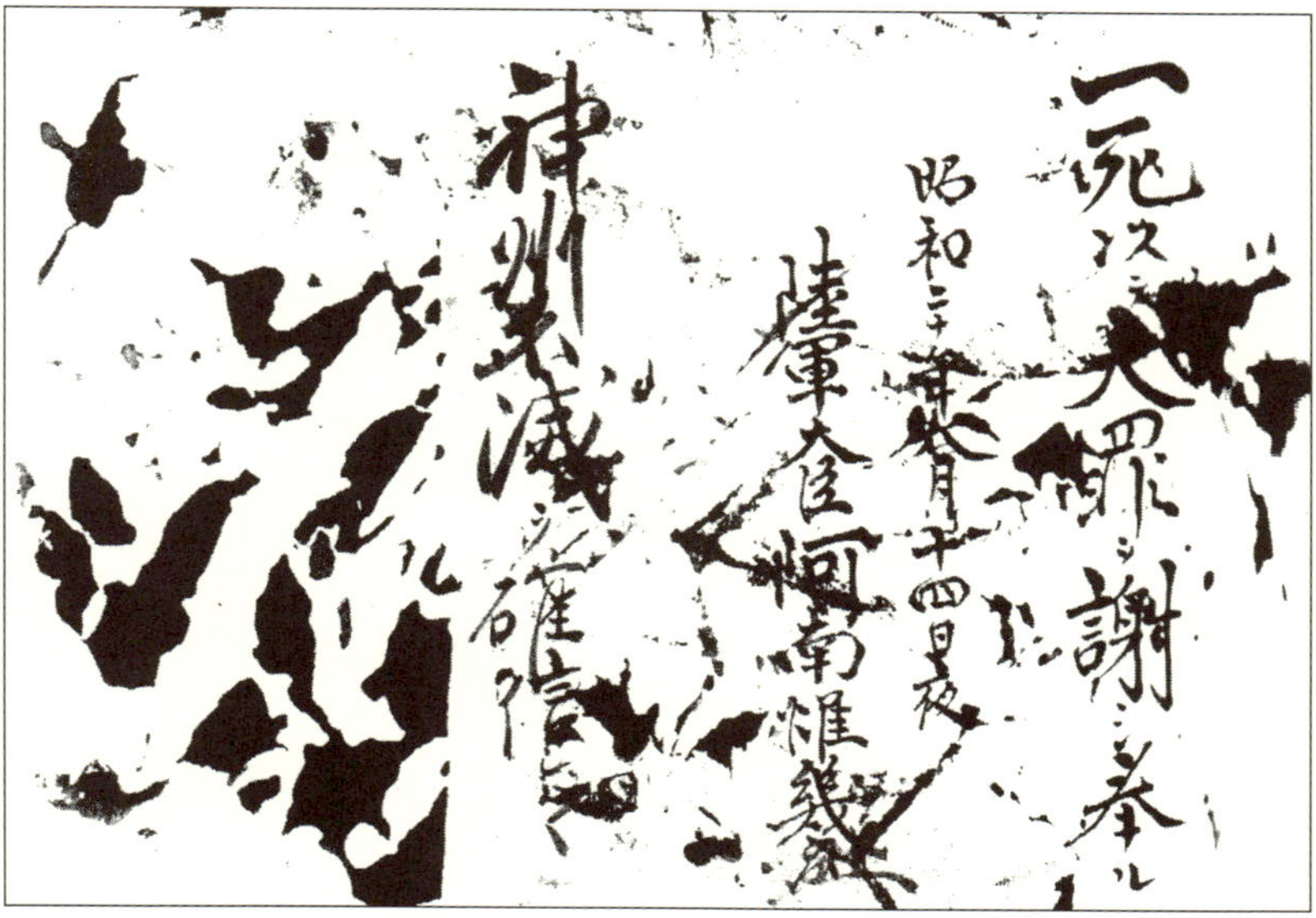

阿南惟幾陸軍大臣（上）とその遺書（下）

で静かにしておるように」

と言うと、私のほうを振り向き、「ここに内閣書記官長もおるけれども、必要ならば内閣書記官長から閣議の状況を説明させてもよい」と言ったのです。

私はひどく驚愕しました。閣議では終戦に向けて審議している一方で、これを阻止すべく陸軍によるクーデターが起きるのではと囁かれていました。そのように双方正反対の状況下で、阿南陸相はどうしてこのような電話を掛けたのでしょうか。私は非常に不思議に思いましたが、後で考えるに、それは阿南陸相の苦心の腹芸だったのではないかと思いました。

万一、私か電話に関わらなければならない時は、しかるべくそこで話をしなければならぬということを考えたのでありますが、幸いにして私が電話に出る番はなく、その時は終わったのであります。

それから、十四日午後十一時過ぎから十二時前だったか、終戦に関する詔勅の公布に関する一切の手続きを終え、各閣僚はそれぞれ退出された後、私は、総理大臣室において、首相と相対座しておりました。大事を終わった後の一時でありますが、ただ訳もなく涙が流れて仕方ありませんでした。

その時戸口を叩いて、阿南陸軍大臣が入って来られました。軍刀を佩《は》き、帽子を小脇にかかえ、白い手袋をした大臣は、首相に丁重に礼をした後、直立不動の姿勢にて、「終戦の議が起こりまして以来、私はいろいろ申し上げましたが、私の真意は一つにただ、国体を護持せんとするにあったのであり、あえて他意あるものではございません。この点は何卒御諒解下さいますように」と涙と共に言いました。

首相は、うなずきながら席を立ち、机をぐるっと回って阿南陸相のそばに寄り、肩に手をかけて、「阿南さん、あなたの気持ちは私が一番よく知っているつもりです。しかし、阿南さん、日本の皇室は必ず御安泰ですよ。何となれば、今上陛下は、春と秋の御祖先のお祭りを必ず御自身で熱心になさっておられますから」と言いました。

阿南陸相はそれを聞くと、両頬に涙を伝わしながら、「私も固くそう信じます」と言い、敬礼をして静かに退出されました。私は玄関までお見送りをして、総理室に帰って参りますと、首相は、「阿南君は、暇乞いに来たのだね」とつぶやくように言われました。このときの光景は、私の終生忘れないところでして、特に首相の御言葉は、誠に深遠な意味があると思います。

阿南陸相は、終始終戦に反対されました。しかし私は、阿南陸相は苦心の腹芸をされたのだと思います。というのは阿南陸相は、昭和四年八月に歩兵第四十五連隊留守隊長から侍従武官となり、中佐から大佐になって近衛歩兵第二連隊長に転出するまでの四年間、陛下に直接お仕えし、陛下の御心はよく知っておられたからであります。

阿南陸相は、心は終戦の外なしと考えておられたのに相違ありません。ならば、何故あのように終戦に反対したのでしょうか。

当時の陸軍の状況からすると、もし阿南陸相が終戦に賛成したら、必ず部下に殺されていたでしょう。殺されてしまったら、内閣としては陸軍大臣を補充しなければなりません。当時の陸軍大臣は、陸軍の現役大将・中将という制度になっていましたので、その補充について軍が承諾しない限りできないのであります。もし陸軍大臣を補充できなければ、鈴木内閣は総辞職する外はありません。あの場合、鈴木内閣が総辞職したらどうなりますか。おそらく、速やかな終戦は実現できなかったでしょう。

阿南陸相はこの状況を熟慮した上で、命を保って、鈴木内閣をして終戦を実現させるために、敢えてあの腹芸をしたのでしょう。もし心から終戦絶対反対なら、辞職してしまえば良いわけです。そうすればやはり鈴木内閣は倒れて、終戦はできなかったでしょう。

天皇陛下は、終戦と決してもなお、国体護持のため、「最後の一戦」による講和を涙ながらに主張する阿南陸相に、『アナン、お前の気持ちはわかる。しかし、もういいから』と仰せになって慰められたのであります。

天皇陛下は、普通、大臣を呼ぶのに「陸軍大臣」といった具合にその官名をお使いになられるのですが、何故か阿南にだけは「アナン」（本当は「あなみ」なのですが）と姓を呼ばれていました。それだけ侍従武官当時からの特別な親しみをお持ちになっていらしたのです。

＊　＊　＊

天皇陛下は、阿南陸軍大臣の自刃の知らせを耳にされた時、『アナンにはアナンとしての考え方もあったに違いない。気の毒なことをした……』と武官長にもらしたという。

『昭和天皇実録』には、「本日午前五時三十分、陸軍大臣阿南惟幾陸軍大将が陸軍大臣官邸において自刃する。阿南は元侍従武官につき、天皇・皇后・皇太后より祭資並びに幣を下賜される」と記録されている。

8. 終戦～そして占領へ

昭和二十年十一月三十日、鈴木内閣の次の東久邇宮内閣の陸軍大臣下村定大将が、陸軍の解体・整理の一切の処理を終え、天皇陛下に最後の上奏をされた時の様子が『阿南惟幾伝』に出ている。

下村陸軍大臣が、「日本の陸軍が正々堂々と武装を解いたのはマッカーサー元帥が感心するくらいで、これは一に、承詔必謹、二に、壮烈な自刃を遂げられた阿南陸軍大臣によるところです。陸軍省が無くなる日。畏れ多くも天皇陛下が軍服をお脱ぎになられる日であります……」と上奏したが、天皇陛下から、お顔をほとんどお上げにならずに声涙共に下る御言葉があった。

『明治大帝の御創設の陸海軍を、自分の代になって失うことになった』ことと、『阿南は生かしておきたかった』ことを二回も仰せになられた。いかに陛下の御信任が厚かったか、いかに阿南陸相の最期を痛惜になられたか、と述べられている。

余談であるが、著者が迫水氏の秘書であった時、確か昭和五十年頃だったと記憶するが、阿南陸軍大臣の義弟竹下正彦元中佐らが参議院議員会館の迫水の部屋に来て、阿南陸相の自決した陸軍大臣仮官邸（本来の官邸は戦災に遭ったので、元副官官舎）の部屋跡が、現在国会議事堂前の敷地内に取り込まれているので、その場所に「慰霊碑を建てたいので、ご尽力をお願いします」と懇願された。関係筋を奔走した結果、「名前や顕彰する文言等が入らない石であれば」との条件で、やっと参議院の許可を得ることができた。

この慰霊の標石については、参議院事務局、防衛省、国立国会図書館等に確認しても一切資料がない。私がその標石の前で『阿南惟幾伝』を持って撮った写真を掲載した。参議院正面玄関の前庭脇に伊藤博文公の銅像があるが、その左横後ろに、木と芝生に囲まれて「波形模様の標石」が置かれている。

終戦のご詔勅は、予定通り昭和二十年十五日正午、国民総号泣のうちにに放送された。首脳たちもちょうど宮城内で開かれていた枢密院本会議を中断して、陛下のお声を聞き、一同涙を新たにしたのであった。

阿南陸軍大臣の自刃の報は、午後二時から開かれる閣議のため参集した各大臣の胸を衝いた。冷静この上ない東郷外務大臣までが、「そうか腹を切ったか。阿南というのは、いい男だな」と言い、眼を真っ赤にした。閣議の冒頭、まず鈴木首相から、「今暁阿南陸軍大臣が自決されました。反対論を吐露しつつ最後の場面までついて来て、立派に終戦の詔勅に副書してのち

陸軍大臣仮官邸跡の標石と著者近影

自刃して逝かれた。実に武人の最期らしく淡々たるものであります……謹んで弔意を表する次第であります」との報告があり、閣僚一同哀悼のうちに会議に移った。

次に東郷外務大臣から、昨夜十二時連合国に対する降伏通告文を送ったこと、その他外交関係について報告し、米内海軍大臣からは、昨夜奉勅命令を以て全海軍に停戦命令を出したことなどの報告があって、一旦休憩。

再開の閣議では、貴族院勅選議員として、松坂広政、重光葵、緒方竹虎、迫水久常、池田清の五名を決定した。その後、鈴木首相から、「いよいよ終戦と決まったが、何としても二度まで聖断を煩わしたことは恐懼に堪えない。それで、適当なけじめのときに総辞職しようと思う」「どうもこの際よりほかに終戦のけじめをつける機会はないように思う」と言って、各大臣の了解を求めた。誰も異議はなかった。

鈴木首相は、午後三時三十五分参内して辞表を陛下に奉呈した。陛下は『鈴木』と親しく名を呼んで『ご苦労をかけた。本当によくやってくれた』と優しく仰せられ、さらにもう一言『本当によくやってくれたね』とのお言葉を賜った。

9．日本とドイツの降伏の違い

戦後わが国を占領していたアメリカが、「日本は無条件降伏したのだ」と大々的に宣伝したことで、日本国民の中には「日本国家全体が無条件降伏した」と思い込んでいる人が多いであろう。ついては、日本とドイツの降伏の違いを、正しく再認識することが肝要である。

ドイツは、一九四五年（昭和二十年）四月二十九日にヒトラー総統が自殺し、五月三日にベルリンが陥落、五月八日には全ドイツ軍が降伏して戦争終結した。ドイツという国家は戦争に敗けたことによって一旦滅亡したのである。

そこで米、英、仏、ソの四ヵ国は、旧ドイツの人民及び領土に対する統治権を分割管理することを宣言し、旧領土を四ヵ国で分割占領した。この国家主権不在状態が実に四年間続いた。その後、西側三国はそれぞれの占領地域を合わせて新たに条約によって西ドイツという自由主義国家を新設し、ソ連はその占領地域をもって東ドイツという共産主義国家を新設したのである。すなわち、東西両ドイツは第二次世界大戦を引き起こした「ドイツ国」（ナチス・ドイツ）の継承国ではあるが、戦後新たに成立した別個の国家であり、その証拠に、両国と連合国との間には講和条約は存在しない。交戦の当事国でないから、講和条約がないのは当然である。ドイツは一九四五年の敗戦を以て、一度滅んだのである。

一方日本は、昭和二十年七月二十六日に米国、英国、中華民国の三ヵ国による共同宣言として発表された、いわゆる「ポツダム宣言」（八月九日にソ連が加入）を八月十四日に受諾することによって、戦争を終結したのである。

「unconditional surrender」（無条件降伏）という文言は、ポツダム宣言の最後の項目に、次の通り記されている。

「吾等は日本国政府が、直ちに全日本国軍隊の無条件降伏を宣言し、且つ右行動における同政府の誠意に付、適当且つ十分なる保障を提供せんことを同政府に対し要求す」

要するに、「日本の全軍隊が無条件に降伏するように処置をせよ」との表現で「アンコンディショナル・サレンダー」という言葉が出てきているのであり、その条項を含む八項目の諸条件を呑んで戦争を終結させた。いわば「無」条件ではなく、「有」条件降伏である。

故に、日本は国家として無条件降伏したわけではないのである。

ポツダム宣言は、日本の統治権を連合国に委ねるということは要求していない。ただ、ポツダム宣言の履行を監視するための保障占領が行われ、その占領軍によって占領を実効あらしめるために日本の主権が一時的に制限されるというのが趣旨であり、日本の主権は中断されたわけではない。事実、占領期には一定の制限を加えられてはいたが、天皇陛下は象徴として占領期から現在に至るまで在位していらっしゃるし、あくまで統治権は厳然として日本国政府が保持し続けていたのである。

すなわち、日本はドイツの如く敗戦によって亡国となったのではない。昭和十六年十二月八日に宣戦布告した日本国は、終戦後も厳として存在しているのだから、交戦当事国として、昭和二十六年九月八日にサンフランシスコで講和条約の調印（翌年四月二十八日発効）を行ったのである。

10. 昭和天皇とマッカーサー元帥の会見秘話

昭和二十年九月二十七日に、天皇陛下は、連合国最高司令官マッカーサー元帥をアメリカ大使館に訪問された。

敗戦国とはいえ、一国の元首の訪問であるから玄関まで出迎えるのが儀礼慣習であるが、その時はそうされなかった。そして会見室に入り、マッカーサー元帥にお会いした際、天皇陛下は握手をしようと手をお出しになられたのに対し、マッカーサー元帥はその手を受けようとはしなかった。

そこで、天皇陛下は次のようなお言葉を仰せられた。

『私は、国民が戦争遂行にあたって政治、軍事両面で行ったすべての決定と行動に対する全責任を負う者として、責任を負うべきものは悉く私が負う。天皇たる地位も皇室の財産も、自分の命、身体も、貴方がどのように扱われようと一つも異存はない。貴方の代表する諸国の裁決に委ねる。ただ、日本は現在食糧が乏しく、餓死者が出るのを自分は非常に心配しているから、ここで、アメリカの特別な計らいによって、一人の餓死者も出ないようにしてもらいたいと思って、そのことを頼みにやって来た。ここに皇室財産の有価証券類をまとめて持参したので、その費用の一部にあてていただければ幸いである』

通訳の奥村勝蔵氏（後の外務事務次官）による「天皇陛下の御言葉」を聞くや否や、マッカーサー元帥は足早に天皇陛下の側に歩み寄って来て、両方の手でしっかりと天皇陛下の御手を握り締めて、初めて「Your Majesty（陛下）」と言い、続いて「You are God（あなたは神である）」と言った。

この会見の後マッカーサー元帥は、当時の内閣書記官長であった楢橋渡に、次のように話した。

天皇陛下が私に会いたいと仰せられたということを聞いた時には、これまで大勢の大臣だったり、大将だったりした人が私の所にやって来て、今度の戦争に協力しなかったとか、自分は関係がなかったとか、いろいろ弁明してきたのと同じように、とうとう天皇陛下までも命乞いに来られたと思ったから、陛下を玄関までお出迎えもせず、陛下の握手も受けなかったのだ。

ところが、天皇陛下の御言葉を聞いて自分は大きな感動に揺すぶられた。死を伴う程の責任、それも私の知り尽くしている諸事実に照らして、明らかに天皇に帰すべきではない責任をも引き受けようとする、この勇気に満ちた態度は、私の骨の髄までも揺り動かした。私はその瞬間、私の前にいる天皇陛下が、個人の資質においても日本の最上の紳士であることを感じ取ったのである。この身体の小さな人は人間ではなくて神様ではなかろうかと、抱きしめたい衝動をやっと抑えた。

人間というものは所詮、欲望を捨て去れるものではない、地位や名誉や命とかいうものには、あくまで執着するものである、と自分は思っていた。然るに天皇陛下は、一切の欲望を捨てて、自分はどうなってもかまわないから、とにかく国民を救ってくれと仰せられた。神（人類の罪を贖うため自らの命を捧げたイエス・キリスト）と同じ立場である。自分は神のみが人を救う能力があると思っていたのであるが、この日本の天皇は国民を救う能力をお持ちのように思う。

必ず日本の天皇をお守りすると私は誓った。

この一時は『マッカーサー回想記』にも記述され、「天皇は日本の精神的復活に大きな役割を演じ、占領の成功は天皇の誠実な協力と影響に負うところが極めて大きかった」とまで書かれている。

また、吉田茂元首相の『回想十年』には、「最初の陛下との会見において、マッカーサー元帥は陛下の御人柄に深く打たれしものの如く私に対しても陛下の仁徳を称《たた》え、『かかる純真無垢にして私心なき方には過って出会ったことがない』と口を極めて賞賛した、一再ならずあったのである」と書かれている。

敗戦国の君主で命も位も残った例は、ほとんどない。

天皇・皇室が今日も燦然として存在している所以《ゆえん》は、昭和天皇のこのような御仁徳の力によるものである。

天皇陛下は昭和四十六年秋の訪欧を前に、外国人記者団に対して、『自分は常に立憲君主たることを念願してきたが、二回だけ、非常に切迫した緊急事情のため直接行動をとった。その一つが二・二六事件であり、もう一つが終戦の時である』と仰せられた。

天皇陛下は二・二六事件の時、『あれは叛乱軍であるから、朕自ら近衛師団を率いて討伐しよう』と仰せられ、結果的には勅命を下すことによって無血終熄せしめた。終戦の御前会議では『自分の身はどうなっても構わないから、速やかに戦争を終結せしめるように』とのご聖断によって終戦となった。そして前述のマッカーサー元帥に対する天皇陛下の大御心によって、今日の日本があるのである。

このような天皇陛下の大御心を拝することによって、人間が本当に欲望を離れることは可能であるということを知るのである。

11. 国際法違反の極東国際軍事裁判（東京裁判）

この戦争は、第二次世界大戦の一環であり、そこには欧州戦線もあったし、アメリカやイギリス、フランス、オランダなどの諸国は、この対日戦を「太平洋戦争」と称するが、日本はあくまで「大東亜戦争」

として戦ったのである。

戦いに敗れた後の占領下では「大東亜戦争」との表現を禁止され、「太平洋戦争」と呼ぶように強制された。しかし昭和二十六年に講和条約を結び、日本が独立を回復した以上、「大東亜戦争」と「名を正す」ことは当然である。

『昭和天皇実録』では、

八月十四日、午後に開催の閣議において、御前会議の聖慮に基づき、帝国の方針に関する件、並びに大東亜戦争終結に関する詔書案その他の審議が行われる。帝国の方針に関する件は左のとおり決定される。

帝国ハ昭和二十年八月十一日附米英支蘇四国回答ヲ諒トシ七月二十七日附対帝国共同宣言ニ従ヒ大東亜戦争ヲ終結スル為必要ナル諸処置ヲ執ルモノトス

午後八時三十二分、首相参殿につき、帝国の方針に関する件の内奏、及び大東亜戦争終結に関する詔書の捧呈を受けられる。九時二十分内閣上奏書類を御裁可になり、詔書に署名される。

と記録されており、『大東亜戦争終結に関する詔書』と正すことから「正しい歴史」に軌道修正し、日本人の誇りと自信を回復させせなければならない。

日本の掲げた「大東亜共栄圏」は、欧米の植民地勢力をアジアから駆逐、アジアを解放し、「共に栄えていこう」とするものであった。「大東亜共同宣言」は次の通りである。

抑々《そもそも》世界各国が其の所を得、相倚《あいよ》り相扶《あいたす》けて万邦共栄の楽をともにするは、世界平和確立の根本要義なり。然るに米英は自国の繁栄の為には他国家他民族を抑圧し、特に大東亜に対しては飽くなき侵略搾取を行い、大東亜隷属化の野望を逞しうし、遂には大東亜の安定を根底より覆さんとせり。大東亜戦争の原因茲《ここ》に存す。大東亜各国は提携して大東亜戦争を完遂し、大東亜を米英の桎梏《しっこく》より解放して其の自存自衛を全うし、左の綱領に基づき大東亜を建設し、以て世界平和の確立に寄与せんことを期す。

「左の綱領」とは、「共存共栄」「互助敦睦」「伝統尊重」「経済発展」「人種差別の撤廃」である。

無論、その綱領と宣言に基づいてとられた実際の軍事行動については、侵略的であったとか、植民地にしたと言われても仕方がない実態があったことも否定できない。確かに残虐行為や非人道行為も全くなかったとは言えない。しかし、戦争というものは、敵と味方どちらにしても「食うか食われるか」「やらなければやられてしまう」ものであり、極限状態になれば必然的に非人間性や狂気の心理が出てくる。およそ、「人道的な戦争」などというものはありようはずがないのである。

日本は、戦争に敗けた故に「極東軍事裁判（東京裁判）」で戦勝国によって一方的に裁かれ、戦後ずっと反省とお詫びを繰り返し述べ、謝り続けてきた。

平成二十七年、戦後七十年の節目に当たり、安倍晋三首相は「日本では、戦後生まれの世代が、人口八割を超えています。あの戦争には何ら関わりのない、私たちの子や孫、そしてその先の世代の子どもたちに謝罪を続ける宿命を背負わせてはなりません」との談話を出した。

私は言いたい。「歴史は物語っている」と。では欧米列強は一体何をやったのか。七つの海を支配したと豪語した大英帝国は、三百年間インドを植民地としたのを始め、フランス、ドイツ、そしてオランダ、ベルギー、スペイン、ポルトガルなどがアフリカ、アジア、南北アメリカなど地球の至る所を植民地にして、抑圧、奴隷、権益搾取の限りを尽くしたことに対し、謝罪したという話は聞かない。

アフリカ人を買ってヨーロッパやアメリカなどに連れて行き、鎖に繋いで働かせたのはどこの国であったか。日本は朝鮮、中国などの人々に対して、いくら何でも鎖に繋げたという如きことはない。

それに、戦争自体が犯罪であるという法は、現行の国際法のどこにもない。戦争犯罪というものは、ハーグ条約陸戦法規やジュネーブ諸条約に規定される、捕虜及び戦傷病者の人道的取り扱い規定の違反、無防備地域・非戦闘員に対する攻撃など、戦闘行為における将兵の国際法規違反について、戦勝国、敗戦国に拘わらず責を問うものである。国際法は、処罰の対象を限定された戦時法規違反に留めている。

東京裁判でいう「平和に対する罪」「人道に対する罪」「殺人の罪」というのは、昭和二十年七月の時点では戦争犯罪の範囲とされていなかった。もしそれを認めると、「法は遡らず」という法律の不遡及の原則が崩れる。それこそ、その当時犯罪とされていなかった行為に対し、遡ってこれを処罰するために制定される事後法は、法にあらずして、私刑（リンチ）であるからだ。それは、近代法治主義が最も忌むべき行為である。しかるに、この東京裁判においては、これをあえて犯しているのである。

極東国際軍事裁判におけるA級戦犯二十五人は、よりによって昭和二十一年四月二十九日の天長節（現昭和の日。当時は昭和天皇誕生日で国民の祝日であった）に起訴された。そして、裁判は五月三日に始まり、翌々年の昭和二十三年十一月十二日まで行われ、絞首刑七人を含む二十五人の被告全員に有罪判決が下された。

判決の結果は、次の通りである。

東條英機　絞首刑　（首相、陸相、陸軍大将）
武藤章　絞首刑　（陸軍省軍務局長、陸軍中将）
板垣征四郎　絞首刑　（陸相、支那派遣軍総参謀長、陸軍大将）
松井石根　絞首刑　（中支方面軍司令官、陸軍大将）
木村兵太郎　絞首刑　（陸軍次官、ビルマ派遣軍司令官、陸軍大将）
土肥原賢二　絞首刑　（陸軍航空総監、奉天特務機関長、陸軍大将）
広田弘毅　絞首刑　（首相、外相、駐ソ大使）
東郷茂徳　禁固刑20年　（外相、駐ソ大使）
重光葵　禁固刑7年　（外相、駐英大使、駐華大使）
荒木貞夫　終身禁固刑　（陸相、文相、陸軍大将）

橋本欣五郎　終身禁固刑　（赤誠会統領、陸軍大佐）
畑俊六　終身禁固刑　（陸相、中国派遣軍総司令官、元帥）
平沼騏一郎　終身禁固刑　（首相、枢密院議長）
星野直樹　終身禁固刑　（内閣書記官長、満州国総務長官）
賀屋興宣　終身禁固刑　（蔵相）
木戸幸一　終身禁固刑　（内大臣、内相、文相、厚相）
小磯国昭　終身禁固刑　（首相、拓相、朝鮮総督、陸軍大将）
南次郎　終身禁固刑　（陸相、朝鮮総督、陸軍大将）
岡敬純　終身禁固刑　（海軍軍務局長、海軍中将）
大島浩　終身禁固刑　（駐独大使、陸軍中将）
佐藤賢了　終身禁固刑　（陸軍省軍務局長、陸軍中将）
嶋田繁太郎　終身禁固刑　（海相、軍令部総長、海軍大将）
白鳥敏夫　終身禁固刑　（駐伊大使）
鈴木貞一　終身禁固刑　（企画院総裁、陸軍中将）
梅津美治郎　終身禁固刑　（参謀総長、関東軍司令官、陸軍大将）

東京裁判所条例第十七条による減刑訴願は、マッカーサー最高司令官によって却下され、東條英機以下七被告が巣鴨にて、十二月二十三日、皇太子殿下（現在の今上天皇）のお誕生日に刑が執行されたのである。この日天皇陛下は、恒例の皇太子殿下の誕生日祝宴をお取りやめになり、七人の元大臣・将軍の死を悼むべく謹慎の意を表された。

この東京裁判は、昭和二十一年、天皇陛下のお誕生日である四月二十九日に起訴し、五月三日の金曜日に開廷され、昭和二十三年十一月十二日の金曜日に結審された。そして皇太子殿下のお誕生日である十二月二十三日に刑を執行するといった一事をもってしても、勝者による敗者への憎しみに満ちた復讐と懲罰の儀式であったことを立証している。

もっとよく考察してみよう。起訴状に指示されている新たな「平和に対する罪」の成立要件と指摘されている条約や協約のどれを調べみても、一国の首相や外相、参謀総長等が、そのような罪状のために自由を奪われたり、生命を失わなくてはならない刑罰を与えられるべきことを規定した条文は見当たらない。該当する法律がない以上、犯罪者とすることはできない。

ソクラテスは、「もし私が罪なくして殺されるとしたら、正義を無視して私を殺した人々に、その行為の恥が着せられるであろう」という言葉を遺している。

むしろ、先の大戦の中で、ハーグ陸戦法規の第二款第一章「一定の種類の型の武器＝毒ガス、細菌など非戦闘員にも傷害を及ぼす兵器の使用を禁ずる条項」に違反し、人道に反する最大かつ最も残虐な犯罪は、原子爆弾を広島と長崎に投下したことである。

昭和二十七年八月六日に建立された広島の原爆死没者慰霊碑には、「安らかに眠って下さい。過ちは繰り返しませぬから」と刻まれている。その横に、「碑文はすべての人びとが原爆犠牲者の冥福を祈り、戦争という過ちを再び繰り返さないことを誓う言葉である。過去の悲しみに耐え憎しみを乗り越えて全人類の共存と繁栄を願い、真の世界平和の実現を祈念するヒロシマの心が刻まれている」という説明板がある。その通りかも知れないが、素直にそのまま受け止めるわけにはいかない。それは多分に「主語がない」と指摘されたことに対しての苦しまぎれの弁解にしか思えない。どんな理由があろうと、どんな強弁をしようと、原爆を落としたのはアメリカであって、落とされたのは日本、その事実は明々白々なのである。故に、アメリカがこの碑を建てたのなら筋として理解できるが、悲惨な被害に遭った日本が建立したものであるので、大いなる矛盾を孕んでいる。無論私とてこの碑文につき、愚かな戦争をした日米だけでなく、古来より戦争を繰り返してきた人類全体に対する「戒めと教訓」であると考えないでもないが、やはり、釈然とせぬ違和感を拭えない。

今は必要欠くべからざる同盟国となっているアメリカに対しても、国際法違反の残虐兵器・原爆を投下し、非戦闘員無差別殺戮という人類史上の大罪を犯した責任を問わなければならない。

日ソ不可侵条約は、ソ連側が昭和二十年四月五日に満期後不延長と通告してきていたが、翌二十一年四月まで有効であった。しかるに、米国が長崎に二発目の原爆を投下した八月九日、一方的にこれを破棄して、満州に空爆と戦車でなだれ込んで来たのであるから、日本がソ連に侵略した事実はあろうはずがない。むしろ婦女子を強姦し、住民の財産を略奪し、六十万人の日本人をシベリアに強制連行して虐待し、奴隷労働を強いて非情無残な行為をしたのはソ連ではないか。捕虜虐待というならソ連側に大いなる罪がある。これは一九一〇年のハーグの国際軍事捕虜協定に違反しているのである。

ポツダム宣言第九項に「日本国軍隊は完全に武装を解除せられたる後、各自の家庭に復帰し、平和的かつ生産的の生活を営むの機会を得しめらるべし」とあるが、それにも反している。

インドは何百年にわたって植民地にされ、中国もアヘン戦争以降半植民地状態になっており、他のアジアでは日本とタイ以外はすべて欧米諸国の過酷な植民地支配にあえいでいた。

日本は欧米帝国主義の対日封鎖と戦った。フィリピンへの進攻はアメリカと、マレーへの進攻はイギリスと、ベトナムへの進攻はフランスと、インドネシアへの進攻はオランダという具合に宗主国との戦いになったため、結果的に彼らの領土が戦場とはなったが、アジア諸民族を敵として戦争したわけではない。それでも、迷惑をかけたとして、東南アジア諸国には巨額の賠償を支払ったのである。

ここで二つの事例を紹介しよう。四十数年前になるが、ベトナム戦争があった。南ベトナムの空軍司令官グエン・カオキ将軍（のちに副大統領となり、ベトナム戦争終結後アメリカに亡命）は、「自分は少年時代ハノイにいたが、日本軍がフランスと戦ってハノイに入場した時、ベトナム市民の中に歓喜の声が沸き起こり、大歓迎した」と述懐していた。

また、かつてのインドネシアのスハルト大統領が、「インドネシアは長い間オランダの植民地であった。日本がオランダと戦ってくれたが、途中で日本が連合国に敗けてしまった。そして日本軍は日本に帰っていったが、一部インドネシアに留まった〝残留日本兵〟と一緒になって、スカルノなどのわが軍は、日本軍兵士の指揮作戦と武器とで、オランダとの独立戦争を勇敢に戦い、独立を勝ち取った。その残留日本兵もやがて日本に帰られた。自分が大統領になったので、日本を訪問する時には、是非その戦友と会ってお礼を言いたい」と語り、来日時、旧交を温めたことがエピソードとして語られている。

日本も江戸時代の鎖国から開国への欧米諸国の強圧に始まって、幕末・明治維新以降、欧米の外圧を受け、長く不平等条約に苦しめられながら、いつかは追いつけ追い越せと富国強兵策をとり、国民の刻苦精励によって日本は強くなっていった。

そして、日清戦争、日露戦争に勝利し、アジアで唯一近代化に成功して、欧米列強と堂々とわたりあえる国になった。

そこで、何としても欧米列強の植民地になっていたアジアを解放したいという悲願の達成を目指した。日本は、欧米列強の植民地主義と侵略に対し、「東洋の平和のためならば」と孤軍奮闘勇敢に戦ったが、自滅してしまった。

戦時中、日本が一時占領したところで、ただ一つも旧宗主国によって満足に取り戻されたものはなかった。日本は負けはしたが、結果的に旧植民地諸国は戦後次々に独立を成し遂げた。

人生に光と影があるように、国の歴史にも光と影がある。

そこには清くして高きものと、濁りて低きものとが相錯綜し激突しながら流れていった真実を銘記しなければならない。

東京裁判の論理によれば、戦犯は敗戦国のみにいる。戦争に勝った者だけが正しく、戦争に負けた者だけが不正であるという理屈はどこにもない。正しい者が勝ち、不正な者が負けるとも決まっていない。その逆もある。勝敗は時の運で、正邪とはおのずから別である。

〝勝てば官軍、負ければ賊軍〟という諺のように、どんな悪虐非道の限りを尽くしても、勝ちさえすれば、「聖戦」を名乗り、お咎めなし、負ければ「侵略」だと、一方的に裁かれ、戦争責任を追及され、処罰されても何も言えない。

この東京裁判は、裁判とは名ばかりで、勝者の敗者に対する復讐であり、戦争の犯罪性はすべて日本に押し付けられ、敗戦国だけが背負わされた。

その目的は、日本が再びアメリカの敵となって戦うことができないように、世界においても平和の脅威にならないよう日本を軍事的にも、精神的にも去勢することであった。

敗戦国にのみ戦争責任を問う不合理に声を大にして訴えなければならない。

それが、たとえ侵略戦争であろうと、自衛戦争であろうと、戦争をしたものすべてに、戦争犯罪を犯したか否かを問い、厳正なる国際法廷において、国際法に準拠し、公平公正そして普遍平等に裁かれるべきものである。

極東国際軍事裁判（東京裁判）で、インドの代表判事ラダ・ビノード・パール博士は、A級戦犯二十五名の被告に対し、全員無罪の判決を下した。全員無罪を判決したのは、十一名の判事中、パール博士ただ一人であった。

「日本無罪論」を唱えたパール判事は「復讐の欲望を満たすために、単に法律的な手続きを踏んだにすぎないというようなやり方は、国際正義の観念とはおよそ程遠い。このような〝儀式化された復讐〟は瞬時の満足感を得るだけのものであって、究極的には後悔を伴うことは必然である」と言っている。

このパール博士には、昭和四十一年十月『パール判決書』出版記念を機に来日、平和運動に尽くした功績により、日本政府は勲一等瑞宝章を贈った。それから、昭和四十二年一月十日に死去されましたが、その遺族に対して当時の佐藤栄作首相は、「パール博士はインドが生んだ偉大な法律家であるばかりでなく、その高潔な人格と日本国民に対して示された友愛によって長く日本人の心に記憶されよう。私は日本国政府と国民に代わって心から哀悼の意を表する」という弔電を打った。

こういった諸々の事実を認識し、決して国家の誇りを失ってはならない、それを決して忘れてはならないのである。

終戦七十年の節目に当たり、日本及び日本人は、占領した連合国が強大な権力によって押し付けた「日本断罪のための歴史観」であり、日本にとっては「自虐史観」となっている「東京裁判史観」の呪縛を解いて、日本人の精神再興と日本の正しい歴史認識を基に、新たなページを捲り、真の平和と繁栄、そして国民の幸福のために邁進しなければならない。

むすび

戦後七十年間、日本は平和でありましたし、経済繁栄によって国民生活は向上し、国際的地位も向上しました。

しかし、今や一国だけでは平和や安全は保たれません。一国だけで、経済繁栄を享受して豊かな国民生活が保たれることはありません。世界各国とあらゆる分野で友好・協力関係を築くことが必要です。

そういう中、今日の日本は、内外の政治・経済・社会の激しい変化に対応できず、全ての分野で閉塞行き詰まり、国力が衰退し、国家的危機に直面しております。

わが国は外交的には、世界の平和と安全のために重要な役割を果たしている国際連合に積極的に関わり、軍縮・核不拡散、テロ・海賊、ＰＫＯ、ユネスコ、地球環境、人間の安全保障などの分野で多岐にわたる活動を行ってきました。

我が国の平成二十五〜二十七年の国連への拠出分担率は、十一パーセント弱で、二十二パーセントのアメリカに次いで第二位である。因みに、第三位はドイツの七パーセント、第四位はフランスの五パーセント半、第五位はイギリスの五パーセント、残りの戦勝国の中国は五パーセントで、ロシアは二パーセント半ほどの第十一位なのであります。

日本は、あらゆる国連活動に多大な貢献をしているにも拘わらず、依然として「国連憲章」の第五十三条並びに第百七条に「敵国条項」が残っています。その対象国は、連合国と戦った日本、ドイツ、イタリア、フィンランド、ハンガリー、ルーマニア、ブルガリアの七カ国です。一九九五年十二月一日の国連総会で、旧敵国条項を削除する決議が賛成多数で採択されましたが、実際に削除されるには国連憲章の改正、すべての常任理事国を含む加盟国の三分の二以上の批准が必要とされ、未だそれが行なわれていません。実質的には死文化しているというものの、一日も早く削除されることを望むものです。

また、かねてより安全保障理事会の改革が叫ばれています。日本が国際社会への貢献を果たしてきたことに見合った発言力を得るために、ドイツ、インド、ブラジルと共に常任理事国になって、その役割を担うことができれば、国際社会にも日本にとっても一番いいことです。

それにつけても、近年日本を取り巻く環境が一段と厳しさを増しており、特に近隣諸国によって、我が国の主権並びに国益に対する不当な侵害を受けるなどしています。

日本の国民の生命・財産と領土・領海・領空を守るために、日米安保体制の一層の強化を図り、防衛力を増強して、抑止力と対処力を高め、揺るぎない防衛体制を築かなければなりません。

また、国際協調主義の方針の下に、国際社会の平和と安定に貢献する外交を推進し、特に近隣諸国との諸問題を改善・解決して、経済、社会、文化、スポーツ等の積極的な交流を通じて友好を促進していかなければなりません。

一方、内政的には、世界に例を見ない急速な少子高齢化が進み、ついに人口減少社会にも突入したことにより、様々な問題の解決に迫られています。また、社会全体に倫理道徳の頽廃や、正義感、社会規範意識の希薄化が蔓延するなど、日本人の本質や生活環境を揺るがす状況にも陥っています。

私は、これら難問山積の現状を深く憂い、今こそ国政および地方行政全般を総点検し、強力な政治のリーダーシップによる「平成維新」とも言うべき大胆な改革を断行し、真に日本再興を図り、日本の平和と安全そして国民生活を向上させ、日本に明るい未来をもたらし、国民の期待に応えなければならないと考えております。

国民は、日本の歴史と伝統・文化を継承・発展させ、民族の誇りと自信を取り戻し、国家としての主体性をもった確固たる「国家指針」に基づく政治を望んでいます。

私は、大義に生き、信義を重んじ、正義感に燃え、歴史の正視を訴えつつ、「生涯一秘書」を信条に、国家社会の発展のため、国を守り、国民の命と生活を守る政治家をお支えすべく、誠心誠意活動に邁進して参りました。

私は、政治家の秘書一筋に四十五年の経験の全てを賭け、「人と社会を、明るく元気にしたい！」をモットーに、英知と勇気と情熱を結集し、生ある限り「世のため人のためお役に立ちたい」、それを中江克己の人生の総決算と致します。

結びとして、私の座右銘（ユネスコ憲章前文）を記して筆を擱きます。

戦争は人の心の中から、生れるものであるから、

人の心の中に、平和のとりでを築かなければならない

御清覧有り難うございました。

著者：中江《なかえ》 克己《かつみ》

昭和21年（1946）、山口県下関市生まれ。

日本大学法学部在学中より、参議院議員迫水久常の書生として政治修業に励み、その後第二秘書となる。

以後、越智通雄衆議院議員秘書、斎藤文夫参議院議員第二秘書、栗本慎一郎衆議院議員政策担当秘書、青木宏之衆議院議員政策担当秘書、米田建三衆議院議員政策担当秘書、東郷哲也衆議院議員秘書等を歴任し、45年間にわたり議員秘書として活動。

現在、一般社団法人日本標識機構代表理事・公益社団法人国際経済交流協会監事。

天皇《てんのう》陛下《へいか》の御聖断《ごせいだん》

――二《に》・二《に》六《ろく》事件《じけん》と終戦《しゅうせん》の真相《しんそう》――

平成27年11月17日　初版第一刷発行

著　者：中江《なかえ》 克己《かつみ》
発行者：鈴木 雄一
発行所：はるかぜ書房株式会社
　E-mail: info@harukazeshobo.com　http://harukazeshobo.com/
発売元：株式会社 慧文社《けいぶんしゃ》
　〒174-0063　東京都板橋区前野町4-49-3
　TEL 03-5392-6069　FAX 03-5392-6078
　E-mail: info@keibunsha.jp　http://www.keibunsha.jp/
〈印刷所〉株式会社エーヴィスシステムズ
〈製本所〉東和製本株式会社
ISBN 978-4-86330-155-9

落丁本・乱丁本はお取替えいたします。